玉ねぎ
×
ワタナベマキ
＝
だし・うまみ

玉ねぎは、料理における「だし」と「うまみ」です。

玉ねぎ。
玉ねぎは私の料理には欠かせない食材です。玉ねぎが持つ底力はとても大きくて、私の作る料理に深みを与えてくれているのが「玉ねぎ」です。

あるとき、いつも私の料理を食べてくださる方がこんなことを言いました。
「ワタナベさんの料理って玉ねぎがいろいろな料理に使われるよね」。
私自身は玉ねぎを何気なく料理に使用していて、玉ねぎを使うことが当たり前になっていたのですが、その言葉をもらってから「なぜ、この料理に玉ねぎを使ったのか」「なぜ、この料理には玉ねぎでなくてはいけないのか」。そんなことを考えて、紐解きながら、玉ねぎを使うようになりました。

料理は科学ともいいますから、いろいろな作用が働いて玉ねぎのうまみやだしが料理に加わり、ぐっと味わい深い、おいしい料理になるのではないかと思います。

でも何より、私は単純に「玉ねぎ」が大好きなのです。

生で食べたり、発酵させたり、じっくり煮たり、シャキッと炒めたり……。
どれをとっても、この料理にはやっぱり玉ねぎがぴったりだ！　と思うものばかりです。

この本では、「玉ねぎ」が持つ魅力をたっぷりに、レシピを読むとストンと頭に入ってくるよう、作り方の手順だけでなく「なぜ、そうするのか？」の理由も書かせていただきました。理由がわかれば、納得して料理が作れ、応用することもできるからです。
ぜひ、レシピを読みながらおいしさの秘密を探り、料理を作っていただけるとうれしいです。

ワタナベマキ

CONTENTS

玉ねぎ1つ、あったなら

PART.1
玉ねぎ×漬ける＝だし・うまみ

PART.2
玉ねぎ×炒める=だし・うまみ

玉ねぎスナックブック

PART.3
玉ねぎ×煮る 蒸す=だし・うまみ

玉ねぎ小事典

● 玉ねぎの主な種類

玉ねぎには、黄玉ねぎ、白玉ねぎ、赤玉ねぎ、小玉ねぎなどの種類があります。
それぞれの特徴を知り、もっとおいしく玉ねぎを食べましょう。

白玉ねぎ

外側の皮も中も白い、春先に出回る新玉ねぎと呼ばれる極早生種の一種。水分が多くて甘味が強く、辛味が少ないので生食向き。貯蔵はきかないので冷蔵庫に入れ、早めに食べる。

黄玉ねぎ

通年出回っている、皮が茶色の玉ねぎが黄玉ねぎ。日持ちをよくするために収穫後1カ月ほど風干ししてから、貯蔵庫で保管されて翌年まで需要に応じて出荷される。独特のにおいと辛味があり、加熱すると甘味が強くなる。

赤玉ねぎ

レッドオニオンといわれる。辛味と香りもマイルドで、生食に向いている。皮はかため。鮮やかな色を生かしたいときに。湘南レッドなどがある。ポリフェノールの一種・アントシアニンは赤玉ねぎのみに含まれる。

新玉ねぎ

黄玉ねぎ、白玉ねぎを早どりした玉ねぎの総称。水分が多いのでみずみずしく、肉質がやわらかく、辛味が少ない。サラダやあえものなど、生食に適している。

小玉ねぎ

別名、ペコロス。玉ねぎを密植させて小型化したもの。形を生かして、切らずにそのまま使うのがおすすめ。煮崩れしにくいのも特徴。ピクルスや煮込み料理などに。

※玉ねぎの品種は数多く、種まきから収穫時期、貯蔵期間の長短で下記の品種に分けられる。
「極早生（ごくわせ）」…… 白玉ねぎの「チャージ」など。

「早生（わせ）」…… 黄玉ねぎの「ソニック」「ラムダ2号」など。

「中生（なかて）」…… 黄玉ねぎの「ターボ」「O・K黄」「アトン」など。

「中晩生（なかおくて）」…… 黄玉ねぎの「ネオアース」、赤玉ねぎの「猩々赤《しょうじょうあか》」など。

「晩生（おくて）」…… 黄玉ねぎの「ラッキー」など。

玉ねぎのトリセツ

● 選び方

皮にツヤがあり、よく乾燥しているもの。押したときにしっかりとしているもの。芽やひげ根が出ていないもの。ひげ根と逆の先端が細く、締まっているもの。

● 保存方法

風通しのよい場所に常温で保存。ネットなどに入れてつるしておくのがベスト。使いかけのものはラップに包んで冷蔵庫の野菜室に保存し、2〜3日で使いきる。新玉ねぎは冷蔵庫の野菜室に入れ、1週間を目安に使いきる。

● 旬

通年。新玉ねぎは4〜5月。北海道では3月に種をまいて8〜10月に収穫し、低温貯蔵して翌年3月まで出荷する。佐賀、兵庫（淡路島）、愛知では6月に種をまいて翌年4〜6月に収穫し、その後乾燥させて秋に出荷する。兵庫では冷蔵貯蔵し、翌春まで出荷。

● 日本の玉ねぎ収穫量

1位　北海道
2位　兵庫
3位　佐賀
4位　愛知
5位　長崎

＊平成28年産野菜生産出荷統計（農林水産省調べ）

学　名：Allium cepa
分　類：ユリ科ネギ属
原産地：中央アジア、西アジアなど諸説あり

● 栄養

目や鼻に刺激を与えるのは硫化アリル。ビタミンB_1の吸収を助け、新陳代謝をよくする働きがある。また、善玉菌のビフィズス菌のエサになり、腸内環境を整えるといわれるオリゴ糖も豊富。皮には、抗酸化作用や血液をサラサラにする効果のあるポリフェノールの一種・ケルセチンを含む。中医学では、玉ねぎの甘味は滋養強壮に優れ、辛味は気と血の滞りを解消するといわれる。食欲不振や胃のもたれに効果があり、生活習慣病の予防も期待できる。

ワタナベマキの 玉ねぎ＋好きな食材

⇒豚肉

ソテーした豚肉に玉ねぎソースをかけたり、一緒に炒めたり。ビタミンB_1を含む豚肉と硫化アリルを含む玉ねぎは、栄養素的にも疲労回復によいとされる組み合わせ。

⇒じゃがいも

一緒にカレーやシチューに入れる、おなじみコンビ。フライドポテトに塩玉ねぎをマリネする（P.33）のも大好物。ポテトサラダにも玉ねぎは必須で、ないと味が締まりません！

⇒山椒

火を通して甘味を出した玉ねぎに、粉山椒のスーッとした香りが相性よし！　玉ねぎのみそ汁（P.141）や、玉ねぎのあえ物（P.61）の仕上げに粉山椒をひと振りする(P.140)と、味わいがぐんとアップします。

⇒チーズ

チーズと玉ねぎの組み合わせは、相反する味わいがお互いを引き立たせます。発酵玉ねぎとチーズをあえるサラダ(P.41)、玉ねぎの甘味を引き出したスープにチーズを振る（P.140）のも、私の定番。

⇒油麩

玉ねぎは油を多く含む食品との相性が抜群。油麩は煮る（P.116）と煮汁のうまみをぐんぐんと吸い込んでおいしくなるので、煮汁に玉ねぎの甘味が出ることで、どちらもよりおいしくなります。

世界の玉ねぎの呼び方

- 英語 … Onion（オニオン）
- フランス語 … Oignon（オニョン）
- ドイツ語 … Zwiebel（ツヴィーベル）
- スペイン語 … Cebolla（セボージャ）
- イタリア語 … Cipolla（チポッラ）
- 中国語 …洋葱（イァンツォン）

玉ねぎの疑問あれこれ

Q　玉ねぎを切るとき、涙が出るのはなぜ？

A　玉ねぎを切ることによって細胞が壊されて辛味成分である硫化アリルが発生し、目や鼻を刺激するため涙が出る。そのため、切れにくい包丁を使うと玉ねぎの繊維がつぶれてより成分が出るので、よく切れる包丁で手早く作業をするとよい。冷蔵庫でよく冷やして刺激成分を抑えてから切るのも効果的。

Q　玉ねぎを加熱すると甘くなるわけは？

A　じつは玉ねぎに含まれる成分で一番多いのが、ぶどう糖や果糖、しょ糖などの糖分。加熱すると糖分が濃縮され、また辛味成分である硫化アリルの影響が少なくなることによりもともともっていた甘味が立ってくるため、甘く感じるというわけ。

Q　日本に入ってきたのはいつ？

A　本格的に栽培が始まったのは、明治時代。

Q　じつは根ではないの？

A　葉の根元が栄養分を含んでふくらんだ鱗茎《りんけい》。

世界の玉ねぎフレーズ etc.

SPAIN（スペイン／ことわざ）
Contigo pan y cebolla（あなたとならパンと玉ねぎだけでいい）
⇒「好きな人と一緒なら、まずしい生活にも耐えられる」の意。

FRANCE（フランス／フレーズ）
S'occuper de ses oignons（自分の玉ねぎを気にして！）
⇒「この問題はあなたには関係ないから口を出さないで」の意。

GERMANY（ドイツ／フレーズ）
Das Zwiebel-Portemonnaie（直訳：玉ねぎの財布）
⇒ 玉ねぎを切るときには涙が出ることから、「お金があまり入っていない財布」をこう呼ぶ。

UNITED STATES OF AMERICA（アメリカ／フレーズ）
know one's onions ⇒「万事心得ている」「抜け目がない」の意。
off one's onion ⇒「気が狂う」「酔っている」の意。

UNITED KINGDOM（イギリス／言い伝え）
⇒「玉ねぎを食べている夢」は、価値のある何かが見つかることを予知するとされていた。

IRELAND（アイルランド／言い伝え）
⇒ 玉ねぎの湿布は咳や風邪に効くとされた。

玉ねぎの切り方

同じ食材でも、切り方次第で味わいや食感、調味料の入り方が変わります。
この料理で玉ねぎをどう味わいたいか？ どんな役目で使うのか？
を考えながら切り方を変えると、料理はぐんとおいしくなります。

❶ 輪切り

玉ねぎを主役にする料理で、ソテーやスープなどにするときに。さらに玉ねぎの存在感を出してじっくり焼きたいときは、横半分にして厚い輪切りにする。

❷ 縦4等分に切る

じっくり煮て、玉ねぎのエキスを引き出したいスープなどに使う切り方。やわらかくなった玉ねぎのつるりとした食感も楽しめる。

❸ くし形切り

放射状に6〜8等分に切ること。炒め物や煮物などに。玉ねぎの存在感を残したいときは、太めに切る。カレーや炒め物、ソテーなど幅広い料理に。

❹ 粗みじん切り

用途はみじん切りとほぼ同じ。形状を残したいとき、シャキシャキ感を程よく残したい「玉ねぎシュウマイ」（P.134）などに。

❺ みじん切り

炒め物、煮物、リゾットなど、香りと辛味を生かしたいときに。また、サラダやソースなどで薬味的に使いたいときに。

❻ すりおろす

辛味や香りを強めたいときに使う方法。生のまま形状をほぼ残さずに使いたい、ドレッシングやたれなどに使う。

❼ 1cm角に切る

ある程度存在感を残しつつ、全体にまんべんなく行き渡らせたい「玉ねぎのパウンドケーキ」（P.108）などに。

❽ 横薄切り

縦半分に切り、繊維を断ち切るように直角に薄く切ること。サラダやあえ物、炒め物、煮物などで、玉ねぎをやわらかい食感に仕上げたいときに。

❾ 縦薄切り

縦半分に切り、繊維に沿って薄く切ること。サラダ、炒め物、煮物などで玉ねぎに食感を残したいときに。

1
2
3
4
5
6
7
8
9

この本の使い方

・小さじ1=5mℓ、大さじ1＝15mℓ、1カップ＝200mℓです。
・野菜の「洗う」「ヘタをとる」「皮をむく」などは基本的に省略してあります。
・レシピ上の「しょうゆ」は濃口しょうゆ、「小麦粉」は薄力粉、
砂糖は「上白糖」、バターは「有塩バター」のことです。
・「だし汁」は、昆布や削り節、煮干しなど好みのものでとったものです。
・オーブンを使用する場合は、表示の温度に予熱してから使用してください。
・オーブン、ハンドミキサー、フードプロセッサーなどの調理器具は、
取扱説明書をよく読んで、正しくお使いください。また機種により違いがあります。

玉ねぎ1つ、あったなら

名バイプレイヤーとしておなじみの玉ねぎですが、実は主役になっても力を発揮します。玉ねぎが1つあったらできること、玉ねぎだから作れるおいしい料理をご紹介します。玉ねぎの底力って、すごいんです。

スープ

玉ねぎのうまみ、だしの力を一番感じられるのがスープです。玉ねぎを水に入れて弱火でコトコトと火を通していくと、じわじわとうまみが染み出て、それだけで十分おいしいスープになります。だし汁やスープストックはいっさいいりません。体にスーッと染みわたる、やさしい味わいをお試しください。

作り方（2人分）❶ 新玉ねぎ1個は縦4等分に切る。❷ 鍋に①、酒¼カップ、水2カップを入れて中火にかけ、アクをとりながら煮る。煮立ったら弱火にし、蓋をして約12分煮る。❸ 塩小さじ½で味を調え、好みでごま油小さじ1を加え、粉山椒少々を振る。

スチーム

蒸すと素材そのもののうまみがギュッと凝縮され、味が濃くなります。玉ねぎもしかり。口に入れると、とろりとした食感からじんわりと甘味が広がる一品に。玉ねぎは加熱すると甘味が増すことは知られていますが、蒸気でふんわりと熱を包み込むと、甘味も食感もどこか穏やかです。

作り方（2人分） ❶ 新玉ねぎ2個は、横半分に切る。❷ 耐熱皿に①をのせ、白ワイン大さじ2を回しかけ、塩小さじ⅓を振り、蒸気の上がった蒸し器に入れて強火で約10分蒸す。❸ 器に盛り、粗びき黒こしょう少々、バター（またはオリーブ油）大さじ1をかける。

オーブン焼き

玉ねぎを皮つきのままアルミホイルで包んでオーブンで焼くと、その甘味はもちろんジューシーさに驚きます。焼き上がりにナイフを入れると、湯気と共に甘くて少しツーンとする玉ねぎ独特の香りがふわ〜っ。頬張ると玉ねぎのおいしいジュースが口の中いっぱいに広がります。

作り方（2人分）❶ 玉ねぎ2個は皮つきのままよく洗い、上部に十字の切れ込みを入れる。アルミホイルで1個ずつ包む。❷ オーブンを200℃に温め、①を入れて25〜35分焼く。菜箸を刺してスーッと通ればOK。❸ アルミホイルをはずし、ナイフで切り分け、岩塩適量、オリーブ油大さじ1を回しかけ、レモン½個分を搾る。

ソテー

玉ねぎの強い甘味を楽しみたいときは、ソテーがおすすめです。フライパンで火を入れることで、焼き目がついて香ばしさが加わります。この香ばしさのおかげで、蒸したときやオーブン焼きにしたときよりも味が濃く感じられるのです。仕上げに酒、しょうゆをからめると、さらに香ばしさがアップします。

作り方（2人分）❶ 玉ねぎ1個は横1cm 厚さの輪切りにする。❷ フライパンにごま油小さじ2を入れて中火で熱し、玉ねぎを入れて両面を返しながら焼く。❸ 焼き目がついたら、酒、しょうゆ各大さじ1を加え、汁けがなくなるまで全体にからめる。器に盛り、七味唐辛子少々を振る。

ピュレ

さらりとした食感と濃厚なうまみを一緒に味わいたいなら、ピュレに。油で炒めることで玉ねぎの味が前面に出てきて、さらにクタクタに煮ると味が煮詰まって凝縮されます。加えたにんにくの辛味、白ワインの風味がプラスされ、さらに味が深まります。そのままパンにのせたり、肉料理のソースに。

作り方（作りやすい分量）❶新玉ねぎ1個は2cm角に切る。❷小鍋につぶしたにんにく1かけ、オリーブ油大さじ2を入れて中火にかける。香りが出てきたら①を入れて炒め、透き通ってきたら白ワイン¼カップ、水½カップを加えてアクをとりながら煮る。煮立ったら弱火にし、蓋をしてクタクタになるまで煮る。❸ハンドミキサーなどで（フードプロセッサー、ミキサーの場合は粗熱がとれてから）なめらかに攪拌する。❹鍋に戻し、塩小さじ1を入れ、ひと煮立ちさせる。トーストにのせ、アンチョビフィレ、粗びき黒こしょう、オリーブ油各少々を振る。

ポタージュ

野菜のポタージュを作るとき、主役の野菜の種類にかかわらずほとんどの場合に玉ねぎを加えます。つまり、甘味と風味づけに玉ねぎは欠かせないということ。では、玉ねぎだけのポタージュは？というと、牛乳のクリーミーさも手伝い、甘くてなめらかで飲みやすい。玉ねぎがあまり得意でない人にも、喜んでもらえる一品です。

作り方（2人分）❶ 新玉ねぎ1個は2cm 角に切る。❷ 鍋にオリーブ油小さじ2を入れて熱し、①を透き通るまで中火で炒める。❸ 白ワイン¼カップ、水¾カップを加え、アクをとりながら煮る。煮立ったら弱火にし、蓋をして玉ねぎがクタクタになるまで煮る。ハンドミキサーなど（ミキサーの場合は粗熱がとれてから）でなめらかに攪拌する。❹ 再び弱火にかけ、バター20グラム、塩小さじ⅓を加え、牛乳1カップを加えて煮立つ直前で火を止める。器に盛り、クミンパウダーとオリーブ油各少々をかける。

サラダ

玉ねぎのシャキシャキ感と辛味を味わいたいなら、生食が一番です。中でも、春に出回る新玉ねぎは、辛味がマイルドでみずみずしく、食感も軽やか。刻んでドレッシングをかけるだけでおいしくいただけます。玉ねぎはもちろん、新玉ねぎのときも、水にさらして程よく辛味を抜いてから使いましょう。新玉ねぎなら約3分でOK。

作り方（2人分）❶ 新玉ねぎ1個は縦半分に切って縦薄切りにし、水に約3分つけて水けをよくきる 。❷ 器に①を盛り、削り節1パック（5グラム）、白いりごま大さじ1を振る。❸ 小鍋にナンプラー、酢各小さじ2、太白ごま油大さじ1を入れて中火にかけ、ひと煮立ちさせて火を止め、熱々を②にかける。

PART.1

玉ねぎ
×
漬ける
＝
だし・うまみ

発酵玉ねぎ、塩玉ねぎ、酢玉ねぎ。

玉ねぎは漬け込むと、調味料と時間の力を借りて生で食べるときよりもうまみが増します。刻んだ玉ねぎを調味料に漬けるだけ、と仕込みも簡単。作っておけば素材にプラスするだけでおいしい一品が完成するスグレモノです。

併せて、生のおいしさをダイレクトに味わう料理もご紹介しました。

発酵玉ねぎ

発酵玉ねぎは、うまみ調味料です。

発酵玉ねぎとは、刻んだ玉ねぎを塩水に数日漬けて発酵させたものです。塩水を加えてそのままおいておくと、浸透圧によって玉ねぎの水分が抜けてしんなりし、最初はとがっていた塩味がだんだんなじんでまろやかになります。さらにおくと塩水が白濁し、酸味が出てくる。すると、うまみたっぷり、味に深みがある玉ねぎになるのです。ここまでくると、野菜というより調味料。どんな素材をもおいしくしてくれる万能調味料になります。（写真左：塩玉ねぎ／右：発酵玉ねぎ）

材料（作りやすい分量）

玉ねぎ　2個

塩　玉ねぎの重量の3％

水（ミネラルウォーター）　1/4カップ

作り方

❶ 玉ねぎは縦半分に切って縦薄切りにし、塩を加え、しんなりするまでもみます。

❷ 保存容器に移し、水（ミネラルウォーター）を加えて冷暗所におき、1日に1回かき混ぜながら、夏場は1〜3日、冬場は1週間おきます。味見をし、酸味が出てきたら発酵した証拠。冷蔵庫に入れて2週間以内に使いきります。玉ねぎが空気に触れていると腐敗の原因になるので、落としラップなどをして常に漬け汁に浸っている状態を保ちます。

※ 塩をまぶしてすぐ〜1日おいたものが「**塩玉ねぎ**」です。

※「発酵玉ねぎ」を調理に使うときは、軽く汁けをきってください。

01 焼きさばの発酵玉ねぎのせ

(作り方26ページ)

01 焼きさばの発酵玉ねぎのせ

香ばしく焼けたさばに、発酵玉ねぎをたっぷりのせ、全体にからめていただきます。発酵玉ねぎがソースの役目をするので、味つけは臭み抜きの酒としょうがが、風味づけのしょうゆのみ。脂ののったさばを玉ねぎがさっぱりとさせつつ、深い味わいにしてくれます。

材料（2人分）

発酵玉ねぎ（22ページ）　1カップ
塩さば（3枚おろし）　2枚
酒　大さじ2
おろししょうが　大さじ1
片栗粉　大さじ4
ごま油　大さじ3
しょうゆ　大さじ2
黒いりごま　小さじ2
すだち　1個

作り方

1. さばは骨を抜き、3チセン幅に切ってバットに入れます。まず、臭み抜きの酒、おろししょうがを入れてもみ込み、次に片栗粉をまぶします（a）。片栗粉はからめてから時間をおくと水分で溶けてしまうので、必ず焼く直前にまぶしてください。片栗粉をまぶすのは、魚のうまみを閉じ込めると共にカリッと香ばしく焼くのが目的です。
2. フライパンにごま油を熱し、①のさばの皮目を下にして入れ（b）、中火でじっくり焼きつけて香ばしい焼き目をつけます。最初はあまり触らないのがコツ。香ばしい焼き目がつくと皮まで食べやすくなります。また、皮目からしっかり火を通すことで、身側からはあまり火を通さずにすみ、身がパサつくのを防ぎます。
3. ときどき返しながら約5分焼き、しょうゆを加えてからめます（c）。しょうゆを入れたら、手早く仕上げるのがコツです。焦がさない程度に火を通し、香ばしさをつけます。
4. 器に③を盛り、発酵玉ねぎをのせます（d）。黒いりごまを振り、半分に切ったすだちを添えます。食べるときにすだちをキュッと搾り、発酵玉ねぎをしっかりからめて食べます。

a

b

c

d

02 ポークソテーの発酵玉ねぎソース

（作り方30ページ）

03

発酵玉ねぎときのこのスープ

（作り方31ページ）

b

a

02 ポークソテーの発酵玉ねぎソース

発酵玉ねぎは火を通すとまろやかになり、うまみがぐっと引き立ちます。そこにしょうゆ、みりん、酒の甘辛味の調味料を加えたら極上のソースに。

材料（2人分）

発酵玉ねぎ（22ページ）　⅔カップ
豚ロース厚切り肉　2枚（250グラム）
三つ葉　1株
ごま油　小さじ2
A［酒、みりん、しょうゆ　各大さじ1］

作り方

1. 豚肉は常温に戻し、筋切りをします（a）。筋は豚肉の脂身と肉の間にあるので、包丁をしっかり立てて切りましょう。筋切りがしっかりできていないと肉を焼いているうちに反り返り、均一に焼けません。三つ葉は3センチ長さのざく切りにします。
2. フライパンにごま油を熱し、①の豚肉を入れて中火で焼き目をつけます。フライ返しなどで、肉が反らないように押しながら焼くといいでしょう。まずは表面を焼き固め、うまみを閉じ込めます。
3. 豚肉を返し、弱火にして約5分焼きます。豚肉にほぼ火が通ったら、発酵玉ねぎを入れ、フライパンの隙間で炒めるように火を通します（b）。しんなりしたら、Aを順に加え、全体にからめます。酒、みりんは先に加えてアルコール分を飛ばし、仕上げにしょうゆを加えて香りを立たせます。
4. 器に盛り合わせ、三つ葉をかけます。

03
発酵玉ねぎときのこのスープ

発酵玉ねぎの漬け汁は、じつはうまみの宝庫。玉ねぎの甘味とうまみが溶け出し、調味料では決して作れない味に。その汁を利用したのがこのスープです。

材料（2人分）

発酵玉ねぎ（22ページ） 2/3カップ
発酵玉ねぎの漬け汁（22ページ） 1/2カップ
しいたけ 3枚
しめじ 50グラム
かぶ 1個
かぶの葉 3本
ごま油 小さじ1
水 1 1/2カップ
酒 1/4カップ
塩 少々

作り方

1. しいたけ、しめじは石づきをとり、しいたけは薄切り、しめじはほぐします。かぶは茎を1センチほど残して切り落とし、6等分に切ります。かぶの葉は2〜3センチ長さに切ります。
2. 鍋にごま油を熱し、①のかぶの葉以外を入れて中火で炒めます。
3. きのことかぶに油がなじんだら、発酵玉ねぎと漬け汁、分量の水、酒を加え（a）、煮立ったらアクをとり、蓋をして弱火で約10分煮ます（b）。弱火でじっくりと煮て、発酵玉ねぎ、玉ねぎの漬け汁のうまみをじわじわと引き出します。
4. かぶの葉を加えてさっと煮て、塩で味を調えます。発酵玉ねぎと漬け汁にも塩気があるので、味を見ながら塩を加えてください。

a

b

04

やりいかと発酵玉ねぎの酒蒸し

(作り方34ページ)

05
フライドハーブポテトの塩玉ねぎマリネ

（作り方35ページ）

04 やりいかと発酵玉ねぎの酒蒸し

やりいかに発酵玉ねぎをのせて蒸すと、いつもよりも身がふっくらやわらか。複雑なおいしさも加わり、シンプルながらクセになる味わいです。

a

b

材料（2人分）

発酵玉ねぎ（22ページ）　2/3カップ
やりいか　2杯
紹興酒（または酒）　大さじ2
ナンプラー　小さじ2
ごま油　大さじ1
香菜　4本

作り方

1. やりいかは足を引き抜き、軟骨をとり除いて胴の中をきれいに洗います。胴は皮をむき、1チセン幅の筒切りにします。皮をむくときはペーパータオルなどを使うと、滑らずむきやすくなります。足はワタと切り離し、あえものなどに使いますが、一緒に蒸しても構いません。その後、紹興酒をもみ込みます（a）。臭みをとり、風味をつけます。
2. 耐熱皿（またはセイロを使う場合はセイロにオーブンシートを敷いて）に①を汁ごと入れ、発酵玉ねぎをのせ（b）、ナンプラー、ごま油を回しかけます。
3. 蒸気の上がった蒸し器に入れ、強火で約6分蒸します。蒸すときは強火が基本です。必ず、蒸気が上がってから入れます。
4. 香菜をざく切りにし、器に盛った③に散らします。

05
フライドハーブポテトの塩玉ねぎマリネ

フライドポテトに塩玉ねぎをからめることで、揚げ物なのにあっさり食べられます。ポテトは冷たい油から揚げると香ばしくハーブを入れると香りよくなります。

材料（2人分）
塩玉ねぎ（22ページ） 2/3カップ
じゃがいも 10個
オレガノ（生） 3本
タイム（生） 3本
揚げ油 適量
粗びき黒こしょう 適量

作り方

1. じゃがいもはよく洗い、皮つきのまま4～6等分に切ります。
2. 鍋に①、オレガノ、タイムを入れ、揚げ油をじゃがいもがかくれるくらいに注ぎ、中火にかけます（a）。冷たい油から揚げたほうが、ほくほくこんがりと揚がります。油にハーブを入れるのは、油にハーブのいい香りをつけるため。ポテトにも豊かな香りがつきます。じゃがいもの表面が固くなったら菜箸で混ぜながら、やわらかくなるまで約12分揚げます。
3. 器に盛り、塩玉ねぎの汁けを軽くきってのせ（b）、粗びき黒こしょうを振ります。

a

b

06 塩玉ねぎとしらすのサラダ

発酵する前の塩玉ねぎを使ったサラダ。辛味が抜けてしんなりしているので、あえるだけで十分おいしい。ごはんにのせたり、おつまみにしたり。

材料（2人分）
塩玉ねぎ（22ページ）　2/3カップ
しらす干し　30グラ
卵黄　1個分
青のり　少々
ごま油　小さじ2
すだち　1/2個

作り方
1. 塩玉ねぎはそのままでは汁けが多く、料理が水っぽくなってしまうので軽く汁けをきってから器に盛り、その上にしらす干しをのせます。
2. 卵黄をのせ、青のりを振り、ごま油を回しかけ、すだちを添えます。ごま油の香ばしさ、青のりの香りが食欲を増進させます。最初はすだちをかけずに食べ、途中でキュッと搾って味変えするのがおすすめ。

07 塩玉ねぎとセロリ、グレープフルーツのサラダ

マイルドな塩気の塩玉ねぎで、ジューシーかつ食感が楽しい素材を包みました。口に入れた途端、グレープフルーツの果実が弾けてドレッシングの役目も。

材料（2人分）

塩玉ねぎ（22ページ）　½カップ
セロリ　⅓本
セロリの葉　4枚
グレープフルーツ　1個
白ワインビネガー（または酢）　大さじ1
オリーブ油　大さじ1

作り方

❶ セロリは筋をとり、斜め薄切りにします。セロリの葉は細切りにします。セロリの葉は残しがちですが、刻むと香りがよく、ハーブ同様に使えます。グレープフルーツは実をとり出し、手で半分に割ります。手で割ったほうが、実がくずれず、味のなじみがよくなります。

❷ ボウルに塩玉ねぎ、①、白ワインビネガーを入れてあえ、仕上げにオリーブ油を加えてあえます。油をビネガーよりも先に加えると、油で膜ができてビネガーの味がなじみにくくなるので、ビネガー、油の順に加えてください。

08 発酵玉ねぎと青唐辛子の春雨サラダ

しんなりシャキッの発酵玉ねぎ、つるつる春雨、カリカリピーナッツ。いろいろな食感が味わえます。うまみの詰まった発酵玉ねぎの漬け汁は味つけに大活躍。

材料（2人分）

発酵玉ねぎ（22ページ）　2/3カップ
発酵玉ねぎの漬け汁（22ページ）　大さじ3
春雨　40グラム
青唐辛子　1本
イタリアンパセリ　5本
ナンプラー、ごま油　各小さじ2
ピーナッツ　10粒

作り方

1. 春雨は熱湯に入れて約1分ゆで、ざるに上げ、水けをきる。しっかり水けを拭かないと味が薄まってしまうので、キッチンペーパーで水けをよく拭いてから食べやすい長さに切ります。青唐辛子は種ごと小口切りに、イタリアンパセリはざく切りにします。
2. ボウルに①、発酵玉ねぎと漬け汁、ナンプラーを入れてあえます。調味料としてプラスすると、発酵玉ねぎの漬け汁も一気に味に深みが出ます。
3. ②にごま油を回しかけて器に盛り、粗く刻んだピーナッツを振ります。

09 香菜とココナッツのサラダ

スリランカで食べた、コラサンボールサラダをアレンジ。ココナッツとシャキシャキの青菜を使うのが定番で、独特の甘味とさっぱりした味わいが楽しめます。

材料（2人分）

発酵玉ねぎ（22ページ　赤玉ねぎ使用）　1/2カップ
発酵玉ねぎの漬け汁（22ページ）　大さじ1
ココナッツファイン＊　大さじ2
香菜　6本
イタリアンパセリ　4本
ルッコラ（またはクレソン）　80グラム
A［レモン汁、ナンプラー　各大さじ1/2］
オリーブ油　大さじ1

作り方

1. ココナッツファインはぬるま湯に10分つけてもどし、水けをきります。長いものは粗く刻みます。香菜、イタリアンパセリ、ルッコラは粗く刻みます。野菜はセロリ、セロリの葉などでもいいでしょう。
2. 発酵玉ねぎの漬け汁にAを加え、混ぜます。ナンプラーにレモンを加えると、ナンプラー特有の臭みがやわらぎ食べやすくなります。
3. ボウルに①、②、発酵玉ねぎを入れてあえ、オリーブ油を加えてさっと混ぜ合わせます。油以外を合わせてから、仕上げに油であえます。

＊ココナッツファイン：クッキーに入れたり、お菓子のトッピングに使われたりする、ココナッツを粗びきにした粉末。

10 発酵玉ねぎとキャベツのマリネ

コールスロー風マリネ。しんなりとしておいしさを増した発酵玉ねぎは具材に、うまみの出た漬け汁はドレッシングにとフル活用します。

材料（2人分）

発酵玉ねぎ（22ページ）　½カップ
発酵玉ねぎの漬け汁（22ページ）　大さじ2
キャベツ　¼個
ディル　4枝
塩　小さじ⅓
ディジョンマスタード＊　大さじ1
オリーブ油　大さじ1
粗びき黒こしょう　少々

作り方

1. キャベツはせん切りにし、塩をまぶしてしんなりするまでもみ、出てきた水分をぎゅっと絞ります。ディルは粗く刻みます。
2. 発酵玉ねぎの漬け汁にマスタードを入れ、よく混ぜ合わせます。ここでよくマスタードを溶いておくと、まんべんなく野菜になじみます。
3. ②に①、発酵玉ねぎを入れ、よくあえます。オリーブ油を加えてさっと混ぜ、器に盛って粗びき黒こしょうを振ります。

＊ディジョンマスタード：フランスのブルゴーニュ地方・ディジョンで作られたのがはじまりの黄唐辛子と黒唐辛子で作られるマスタード。口当たりなめらかなのが特徴。

11 発酵玉ねぎとチーズのサラダ

チーズと発酵玉ねぎは、発酵つながりで相性がいい組み合わせ。どちらも味に奥行きがあるので、オリーブ油、粗びき黒こしょうであえるだけで完成です。

材料（2人分）

発酵玉ねぎ（22ページ）　½カップ
チーズ（コンテチーズなどハードタイプ）　70グラム
オリーブ油　大さじ1
粗びき黒こしょう　少々

作り方

1. チーズは1.5センチ角に切ります。コンテはコクとうまみが強いチーズなので、小さめに切ったほうがいいでしょう。
2. ボウルに①、発酵玉ねぎ、オリーブ油を入れてあえます。オリーブ油は発酵玉ねぎとチーズのつなぎ役です。ざっくりと全体をあえればOK。器に盛り、粗びき黒こしょうを振りかけて、味をピシッと引き締めます。

酢玉ねぎ

酢玉ねぎは、具だくさんドレッシングです。

スライスした玉ねぎに煮立てた酢や酒、みりんをかけて漬けておく酢玉ねぎ。疲労回復やダイエット、美容効果もあるといわれますが、私が使う理由は単純においしいから。酢は一度煮ることで酸味がまろやかになり、漬け込んだ玉ねぎは辛味がとれて丸みが出るので食べやすくなります。あえるだけ、のせるだけでいつもの料理がぐんとおいしくなるので、食べるドレッシングといったところでしょうか。

材料（作りやすい分量）

玉ねぎ　2個
米酢　120mℓ
酒　大さじ2
みりん　1/4カップ
塩　小さじ1

作り方

1. 玉ねぎは縦半分に切って縦薄切りにし、耐熱の保存容器または耐熱ボウルに入れます。
2. 小鍋に米酢、酒、みりん、塩を入れ、中火にかけます。煮立ったら火を止め、熱いうちに①に注ぎます。粗熱がとれたら蓋をして冷蔵庫へ。約2週間保存できます。粗熱がとれたら使用できますが、2～3日おくとより味がなじみます。

※玉ねぎは通常の黄玉ねぎ、赤玉ねぎなどお好みのものを。赤玉ねぎは色鮮やかで、料理に彩りを添えてくれます。

12 グリル野菜と酢玉ねぎのサラダ

（作り方 46ページ）

12 グリル野菜と酢玉ねぎのサラダ

酢玉ねぎにアンチョビを混ぜてマリネにし、こんがりと焼いた野菜にのせるだけ。調理はとてもシンプルですが、酢玉ねぎのまろやかさで野菜の味がより引き出されるのか、おいしさがぐんとアップします。野菜だけでも、メインと同じくらい満足感がある料理です。

材料（2人分）

酢玉ねぎ（42ページ）　2/3カップ
ズッキーニ　1本
にんじん　1本
赤ピーマン　2個
にんにく　1/3個
アンチョビフィレ　4枚
オリーブ油　大さじ1
塩　少々
粗びき黒こしょう　少々

作り方

❶ ズッキーニは食べやすい大きさに切ります（a）。にんじんはあれば葉つきのものを用意し、細めに縦6等分に切り、火が早く通るようにします。赤ピーマンは縦半分に切り、種とへたをとり除きます。にんにくは皮つきのまま用意します。

❷ アンチョビは細かく刻み、酢玉ねぎと混ぜ合わせます（b）。焼きたての野菜を食べたいので、野菜を焼く前に酢玉ねぎとアンチョビは用意しておくといいでしょう。

❸ グリルパンにオリーブ油を塗って中火で熱し、①の野菜をのせます。返しながらこんがりとした焼き目がつくまで焼き（c）、塩、粗びき黒こしょうを振ります。グリルパンがない場合はフライパンでもいいのですが、焼き目がつくと見た目においしそうになるので、魚焼きグリルなどで焼くといいでしょう。

❹ 器に③の野菜を盛り、②をのせます（d）。全体によくからめて食べます。

a

b

c

d

13 鶏肉と酢玉ねぎのマリネグリル

(作り方50ページ)

14

かじきと酢玉ねぎのペッパーレモンマリネ

（作り方51ページ）

13 鶏肉と酢玉ねぎのマリネグリル

酢玉ねぎを鶏肉にもみ込んで、味をつけると同時に肉をやわらかくし、汁ごと炒めてソースにも使います。酸味がコクに変化したソースがおいしい。

材料（2人分）

酢玉ねぎ（42ページ）　1カップ
鶏もも肉　300グラム
にんにく（つぶす）　1かけ
オリーブ油　小さじ2
白ワイン　大さじ3
塩　小さじ1/3
粗びき黒こしょう　少々
ミント（または青じそ）　適量

作り方

1. 鶏肉は余分な脂をとり除き、バットにのせます。酢玉ねぎをのせて軽くもみ、冷蔵庫に入れてひと晩おきます（a）。
2. フライパンににんにく、オリーブ油を入れて中火で炒めます。香りが出てきたら、①の鶏肉の汁けをきって皮目を下にしてのせ、フライ返しなどで鶏肉を押さえながら焼きます。
3. 皮目に焼き目がついたら返し、さらに8分焼いて中まで火を通し、とり出します。
4. フライパンに①の酢玉ねぎを汁ごと入れ、白ワインを加えて玉ねぎが透き通るまで炒め（b）、塩、粗びき黒こしょうで調味します。
5. ③の鶏肉を食べやすく切って器に盛り、④をかけ、ミントを散らします。

a

b

14
かじきと酢玉ねぎのペッパーレモンマリネ

酢玉ねぎがあれば、マリネ作りがとてもラク。レモンやレモン汁を加えてマリネ液にし、香ばしく焼いためかじきを熱々のうちに漬け込みます。

材料（2人分）

酢玉ねぎ（42ページ）　1カップ
めかじき　大2切れ
にんにく（つぶす）　1かけ
オリーブ油　大さじ2
白ワイン　大さじ2
タイム（生）　7〜8本
塩　小さじ1/3
A［レモン汁　大さじ1、レモンの薄切り　4枚、ナンプラー　小さじ2］
粒黒こしょう　少々

作り方

1. めかじきは半分に切ります。フライパンににんにく、オリーブ油を入れて中火で炒め、香りが出てきたらめかじきを入れて焼きます。焼き目がついたら返し、白ワイン、タイムを加えて約6分焼き、塩を振ります（a）。白ワインを加えると風味がよくなり、魚臭さがなくなります。
2. バットに酢玉ねぎ、Aを入れ、よくなじませます。これがマリネ液になります。
3. 味がよくなじむように、①が熱いうちに②に漬け込みます（b）。粒黒こしょうを粗く刻み、仕上げに振ります。

15 黒酢酢豚

（作り方54ページ）

16

赤と白のセビーチェ

（作り方55ページ）

b

a

15

黒酢酢豚

酢玉ねぎの味と特徴を最大限に生かした酢豚。肉にもみ込んでしばらくおけば肉がやわらかくなり、調味料と煮ればとろとろになって肉によくからみます。

材料（2人分）

酢玉ねぎ（42ページ） 1カップ
豚肩ロース肉（かたまり） 250グラム
ごま油 小さじ2
紹興酒（または酒） 80㎖
黒酢 大さじ1
オイスターソース 大さじ1
しょうゆ 大さじ1
A［片栗粉 小さじ2、水 大さじ1］
ごま油、五香粉 各少々

作り方

1 豚肉は5センチ角に切り、酢玉ねぎをもみ込み、冷蔵庫に入れて3時間〜ひと晩おきます（a）。

2 フライパンにごま油を熱し、①の豚肉の汁けをきって入れ、中火で全体に焼き目をつけます。本来は酢豚の肉は揚げますが、ここでは油で焼いて手軽に作ります。表面をこんがりと焼きつけると香ばしさが加わり、肉のうまみも閉じ込めることができます。

3 ②に①の肉を漬けていた酢玉ねぎ、紹興酒、黒酢を加え、煮立ったらアクをとり除きます。弱火にして蓋をし、約12分煮ます。

4 オイスターソース、しょうゆを加えてさらに10分煮て（b）、Aの水溶き片栗粉でとろみをつけ、ごま油で香りをつけます。器に盛り、好みで五香粉を振ります。

16 赤と白のセビーチェ

セビーチェは南米生まれの魚介のマリネ。赤と白の酢玉ねぎを使い分け、見た目にも美しく仕上げます。唐辛子やケイパーなどアクセント素材で味を引き締めて。

材料（2人分）

◎赤のセビーチェ
- 酢玉ねぎ（42ページ　赤玉ねぎ使用）　2/3カップ
- ゆでだこ　150グラム
- にんにく（薄切り）　1かけ分
- 赤唐辛子（種をとり、小口切り）　1/2本
- ナンプラー　大さじ1
- オリーブ油　大さじ2

◎白のセビーチェ
- 酢玉ねぎ（42ページ）　2/3カップ
- ホタテ（刺身用）　7個
- ケイパー（塩漬け）　8粒
- ナンプラー　大さじ1
- レモン汁　大さじ1
- オリーブ油　大さじ2
- 粗びき黒こしょう　少々

a

b

作り方

1. 赤のセビーチェを作ります。ゆでだこは水洗いし、水けをしっかりと拭きとって薄切りにします。臭みがあるので、ちゃんと水洗いしてしっかり水けを拭きとります。
2. ボウルにオリーブ油以外の材料を入れてあえ、オリーブ油を加えてさらに混ぜます（a）。油が入ると、材料をコーティングしてほかの味が入らなくなってしまうので、まず他の調味料であえてから、油を加えるのがコツです。
3. 白のセビーチェを作ります。ホタテは2～3等分に切ります。ケイパーはさっと洗い、水けを拭きます。
4. ボウルに③のホタテとケイパー、酢玉ねぎ、ナンプラー、レモン汁を入れてあえ（b）、オリーブ油、粗びき黒こしょうを加えてあえます。

17
手羽中と酢玉ねぎの煮物

（作り方58ページ）

17
手羽中と酢玉ねぎの煮物

酢玉ねぎを具材に使い、味つけにも黒酢を加えた、酢のダブル使いの煮物です。とはいえ、加熱によって酸味の角がとれるので、酸っぱいものが苦手な人でも大丈夫。お酢パワーで手羽中は骨からほろりとはずれるくらいやわらかくなり、酢玉ねぎのおかげで深みのある味わいになります。

材料（2人分）

酢玉ねぎ（42ページ）　⅔カップ

手羽中　8本

→手羽先の場合は、先を切り落として使います。

うずらの卵の水煮　10個

しょうがのせん切り　1かけ分

ごま油　小さじ2

A［黒酢、酒、みりん　各¼カップ、水　1カップ、赤唐辛子（種をとって半分に切る）　1本分］

しょうゆ　大さじ1

塩　小さじ¼

作り方

1. 手羽中は裏側の骨の間に切り込みを入れます（a）。こうすると、骨から肉がはずれやすく、食べやすくなります。
2. 鍋にごま油を熱し、しょうがを入れて中火で炒めます。香りが出てきたら①の手羽中の皮目を下にして入れます（b）。焼きつけることで皮の特有の臭みをとり除きます。
3. 焼き目がついたら、酢玉ねぎ（c）、Aを加え、煮立ったらアクをとり除きます。弱火にし、蓋をして約15分煮ます。
4. しょうゆを加え、さらに約10分煮ます（d）。しょうゆは素材をかたくする性質があるので、後入れに。うずらの卵の水煮を加えてさっと煮て、味を見て塩で調味します。

c

a

d

b

18 酢玉ねぎとゆずこしょうのポテトサラダ

ゆずこしょうとレモン汁で味つけした軽やかなポテトサラダです。しんなりした酢玉ねぎはじゃがいもとのなじみがよく、丸みのある酸味がさわやかな一品に。

材料（2人分）

酢玉ねぎ（42ページ　赤玉ねぎ使用）　2/3カップ
じゃがいも　3個
A［ゆずこしょう　小さじ1、レモン汁　大さじ1］
塩　少々
ごま油　大さじ2
粗びき黒こしょう　適量

作り方

1. じゃがいもは皮つきのままよく洗い、十字の切り目を入れ、蒸気の上がった蒸し器に入れて約20分加熱します。丸ごと蒸すとおいしさが閉じ込められ、ホクホク感が違います。竹ぐしがスーッと通るくらいやわらかくなったら熱いうちに皮をむき、フォークなどで粗めにつぶします。
2. ①のじゃがいもに軽く汁けをきった酢玉ねぎと**A**を加えてあえ、塩とごま油を加え、さっと混ぜ合わせ、仕上げに粗びき黒こしょうを振ります。じゃがいもの余熱で、酢玉ねぎがよりしんなりして、食べやすくなります。

19 切り干し大根と酢玉ねぎの山椒あえ

切り干し大根のサクサク感と、酢玉ねぎのシャキシャキ感が楽しいあえものです。酢玉ねぎを使えばあとはオイルを加えるだけ、と味つけもシンプル。

材料（2人分）

酢玉ねぎ（42ページ）　2/3カップ
切り干し大根（乾燥）　30グラム
しょうがのせん切り　1かけ分
ごま油　大さじ1
粉山椒　小さじ1/2

作り方

❶ 切り干し大根は軽くもみ洗いし、たっぷりの水に約6分つけてもどし、水けをしっかりと絞ります。

❷ ボウルに①の切り干し大根、軽く汁けをきった酢玉ねぎ、しょうが、ごま油を入れ、あえます。器に盛り、粉山椒を振ります。

さらし玉ねぎ

生の玉ねぎで、シャキシャキ食感と辛味を味わいます。

生の玉ねぎのおいしさは、なんといってもシャキシャキ感。そして辛味です。軽い歯触りも加わり、料理全体をピシッと引き締めてくれます。つまり、生の玉ねぎは具材であると共に薬味。存在は一見地味ですが、入っているのとないのでは味わいに格段の差がつきます。辛味が強すぎると感じる方は、辛味が穏やかな新玉ねぎを水に約3分さらして辛味をやわらげてから使いましょう。普通の玉ねぎなら、さらに長めに水にさらして。ただし、あまり長時間水にさらすと風味も抜けてしまうので注意してください。

20 新玉ねぎのマリネ

薄切りにして水にさらしたシャキシャキ玉ねぎを、すりおろしてうまみと風味が増した玉ねぎであえた「玉ねぎ好きのための玉ねぎマリネ」です。

材料（2人分）

新玉ねぎ　1個
ディル　3枝
アンチョビフィレ　3枚
レモン汁　大さじ1
オリーブ油　大さじ1
レモンの皮のすりおろし　少々

作り方

❶ 新玉ねぎ1/3個はすりおろし、残りの2/3個は縦半分に切って縦薄切りにし、水に3分さらして水けをきり、キッチンペーパーで水けを拭きます。ディルは粗く刻み、アンチョビは包丁で叩いて細かく刻みます。

❷ ボウルにすりおろした玉ねぎ、アンチョビ、レモン汁、オリーブ油を入れてよく混ぜ合わせます。これがマリネ液になります。

❸ ②に玉ねぎの薄切りを加えてあえ、ディル、レモンの皮のすりおろしを振ります。

21 さらし玉ねぎと香菜、ひき肉のソース

新玉ねぎと香菜の上に炒めたひき肉をバサッとのせ、混ぜながら食べるサラダ。ひき肉の余熱で玉ねぎが少ししんなり。こうなるともういくらでも食べられます。

材料（2人分）

新玉ねぎ　1個
香菜　6本
アーモンド（ロースト）　8粒
豚ひき肉　150グラム
にんにく、しょうが（みじん切り）　各1かけ分
オリーブ油　小さじ2
A［酒　大さじ2、酢、ナンプラー　各大さじ1］
ライム　½個

作り方

1. 新玉ねぎは縦半分に切ってから横薄切りにし、水に3分さらして水けをきり、キッチンペーパーで水けを拭きます。香菜はざく切りにし、アーモンドは粗く刻みます。
2. フライパンにオリーブ油を入れて中火で熱し、にんにく、しょうがを入れて炒めます。香りが出てきたらひき肉を加えてほぐすように炒め合わせ、ポロポロになったらAを加え、汁けがなくなるまで炒め合わせます。
3. 新玉ねぎと香菜をざっくりとあえて器に盛り、②、アーモンドをのせ、ライムを搾ります。

22 赤玉ねぎときゅうりのタルタル

ヨーグルト味のサラダ、ライタ風。辛味が少なく、サクサクとしっかりした食感が特徴の赤玉ねぎを使うと本場の味に近づきます。見た目にも華やか。

材料（2人分）

赤玉ねぎ　½個
きゅうり　1本
にんにく（つぶす）　½かけ
塩　小さじ½
プレーンヨーグルト　大さじ3
オリーブ油　大さじ1½

作り方

1. 赤玉ねぎは1㌢角に切り、水に3分さらして水けをきり、キッチンペーパーで水けをよく拭きます。きゅうりは縦半分に切り、小さいスプーンで種をとり除いて、1㌢角に切り、塩を振ってしんなりさせます。
2. ボウルに①、にんにく、ヨーグルトを入れてあえ、オリーブ油を加えて混ぜ合わせます。油を最初に入れてしまうと野菜に味が入りにくいので、まず油以外の調味料をなじませてから加えます。

インドのスパイシーなサラダです。赤唐辛子ならではのパンチの利いた辛さがありますが、ライムのさわやかさも加わり、食べ始めると止まらなくなります。

材料（2人分）

赤玉ねぎ　½個
きゅうり　1本
トマト　2個
赤唐辛子　⅓本
A［にんにく（縦半分に切る）　1かけ分、ライムの搾り汁　大さじ2、ナンプラー　大さじ1］
オリーブ油　大さじ2

作り方

1. 赤玉ねぎはみじん切りにし、水に3分さらして水けをきり、キッチンペーパーで水けをよく拭きます。
2. きゅうりは縦半分に切り、小さいスプーンで種をとり除いて1チセン角に切ります。トマトは2チセン角に切ります。トマトはやわらかいので、きゅうりよりも大きめに切るといいでしょう。赤唐辛子は種をとり、みじん切りにします。
3. ボウルに①、②、**A**を入れて混ぜ、よくなじませてから、オリーブ油を加えてあえます。

24 シャキシャキ玉ねぎの肉だんご

肉だんごをおいしく格上げしてくれるのが、玉ねぎ。シャキシャキ感がライトな口当たりにしてくれます。ウスターソース入りソースでごはんにもぴったり。

材料（2人分）

玉ねぎ　1/2個

A［あいびき肉　200㌘、パン粉　大さじ4、赤ワイン　大さじ3、卵　1/2個、塩　小さじ1/3］

オリーブ油　小さじ2

ソース［赤ワイン　80㎖、ウスターソース、しょうゆ　各大さじ1］

パセリみじん切り　大さじ1

作り方

1. 玉ねぎは粗みじんに切ります。**A**のパン粉は赤ワインで湿らせておきます。つなぎとなるパン粉は赤ワインでもどすと、肉だねにほんのりと風味がつき、肉臭さがなくなります。
2. ボウルに①の玉ねぎ、**A**を入れて粘りが出るまでよく混ぜ合わせ、直径4㌢のボール状に丸めます。
3. フライパンにオリーブ油を熱し、②を入れて中火で焼きつけます。焼き目がついたら返し、弱火にして約7分焼きます。
4. ソースの材料を加えて中火にかけ、煮立ってから約2分煮詰めます。ウスターソースは数種のスパイスが入ったうまみの宝庫です。赤ワインを足すだけでおいしいソースになります。
5. 器に盛り、パセリを振ります。

PART.2

玉ねぎ
×
炒める
＝
だし・うまみ

あめ色玉ねぎ、さっと炒め玉ねぎ。

玉ねぎは油で炒めると、甘味とうまみに加え、香ばしさが出て、玉ねぎ自体が味出し素材になります。料理に深みを出してくれる食品へと変化するのです。あめ色玉ねぎを使った本格的な料理から、ごはんが進む炒め物、玉ねぎだけのごはん料理まで。玉ねぎの奥深さを味わってください。

あめ色玉ねぎ

あめ色玉ねぎは、強い甘味を持つうまみの素です。

玉ねぎを炒めて水分を飛ばし、ゆっくりと火を通しながら茶色く色づかせる、あめ色玉ねぎ。玉ねぎは加熱すると甘味とうまみが増しますが、あめ色玉ねぎはその最たるもの！と考えれば、いかにそれらが凝縮されているかがわかります。煮込み料理やスープにひとさじ加えるだけで味の違いは歴然。手間はかかりますが、その分料理のおいしさがアップします。作るときのコツは、表面積の広いフライパンで作ること。そうすると水分が飛びやすく、より短時間で作れます。

材料（作りやすい分量）

玉ねぎ　6個
オリーブ油　大さじ1
白ワイン　1/4カップ
塩　小さじ1/2

作り方

❶ 玉ねぎは縦半分に切り、縦薄切りにします。
❷ フライパンにオリーブ油を熱し、①を入れて透き通るまで中火で炒めます。
❸ 白ワイン、塩を加え、弱めの中火にして木ベラで混ぜながら、あめ色になるまで20〜30分炒めます。粗熱がとれてから保存容器に入れ、冷蔵庫で5日間保存できます。小分けにしてラップで包み、冷凍保存してもいいでしょう。その場合は1カ月くらいで使いきります。

25 玉ねぎカレー

（作り方74ページ）

25 玉ねぎカレー

あめ色玉ねぎを使ってコクとうまみを出した、本格的な欧風カレーです。具材にも玉ねぎを加え、こちらは存在感が残るよう大きめに切ったものを軽く炒めて使います。味の決め手は、ウスターソース。野菜のうまみが凝縮されているので、味が決まりやすいのです。

材料（2人分）

あめ色玉ねぎ（70ページ）　大さじ4
牛肉（カレー用）　200グラム
玉ねぎ　1個
にんじん　1本
じゃがいも　3個
にんにく（みじん切り）　1かけ分
しょうが（みじん切り）　1かけ分
小麦粉　大さじ3
オリーブ油　大さじ1
カレー粉　大さじ2
赤ワイン　1カップ
水　2カップ
ローリエ　1枚
A［ウスターソース、しょうゆ　各大さじ2、クミンパウダー、コリアンダーパウダー、カルダモンパウダー　各小さじ1、塩　小さじ1/2］

作り方

❶ 玉ねぎは6等分のくし形に切り、にんじんは大きめの乱切りにし、じゃがいもは4等分に切ります。玉ねぎは存在感を出したいので大きめに、火が通りにくいにんじんはじゃがいもよりも小さめに切ります。

❷ 牛肉は小麦粉をまぶします。

❸ 鍋にオリーブ油、にんにく、しょうがを入れて中火で炒め、香りが出てきたら②の牛肉を入れて炒めます（**a**）。小麦粉をまぶして炒めるのは、肉のうまみを閉じ込めてスープのとろみにするため。全体に焼き色がついたらカレー粉を加え（**b**）、からめながら炒めます。カレー粉は炒めると香りと辛味が出ます。

❹ ①の野菜を加えてさっと炒め（**c**）、全体に油が回ったら赤ワイン、分量の水、ローリエを加え、煮立ったらアクをとります。蓋をし、弱火で約12分煮ます。

❺ あめ色玉ねぎ（**d**）、**A**を加え、さらに約10分煮ます。

a

b

c

d

26 オニオングラタンスープ

（作り方78ページ）

27
あめ色玉ねぎの
フリッタータ
（作り方79ページ）

26 オニオングラタンスープ

あめ色玉ねぎがなければ作れないこのスープは、玉ねぎの甘味とうまみを存分に味わえる人気メニュー。とろけるおいしさをじっくりと楽しみましょう。

材料（2人分）

あめ色玉ねぎ（70ページ）　大さじ4
小麦粉　小さじ2
スープ*　2カップ
塩　小さじ1/3
バゲット（2センチ厚さ）　4枚
グリュイエールチーズ　40グラム
粗びき黒こしょう　少々

作り方

1. 鍋にあめ色玉ねぎを入れ、小麦粉を加えて全体にからめます（a）。粉をまぶすことでとろみがつきます。この段階では火にかけません。
2. ①にスープを入れて中火にかけ、混ぜながら煮ていきます（b）。煮ている間にあめ色玉ねぎのうまみと甘味がスープに出ていき、スープのうまみと一体になります。スープが煮立ってとろみがついてきたら、塩で味を調えます。
3. バゲットはオーブントースターでカリカリに焼きます。
4. 耐熱容器に②を等分に注ぎ入れ、③のバゲット、削ったチーズを順にのせ、220℃に温めておいたオーブンに入れて約10分焼きます。仕上げに粗びき黒こしょうを振ります。

＊スープ：水2½カップにローリエ1枚、パセリの茎2〜3本、セロリの葉2〜3枚、白ワイン¼カップを入れて中火にかけ、煮立ったらアクをとって弱火で約12分煮たもの。または市販のスープの素でも。

27
あめ色玉ねぎのフリッタータ

イタリア生まれのオムレツ、フリッタータにあめ色玉ねぎを贅沢に使い、卵のとろとろ感とのハーモニーを楽しみます。チーズはできれば塊を削ってのせて。

材料（2人分）

あめ色玉ねぎ（70ページ）　大さじ4
卵　3個
白ワイン　大さじ2
塩　小さじ1/4
オリーブ油　大さじ2
エメンタールチーズ（プロセスチーズでも可）　30グラム
イタリアンパセリのみじん切り　小さじ2
粗びき黒こしょう　少々

作り方

❶ 卵を溶きほぐし、あめ色玉ねぎ、白ワイン、塩を加え、よく混ぜ合わせます。

❷ フライパンにオリーブ油を中火で熱し、①を一度に流し入れます（a）。油を多めに使い、アツアツに熱したところに卵を流し入れるのがコツです。多めの油をしっかり熱することで卵の縁がプクーッと膨らんでくるので、中央を手早く菜箸で混ぜ（b）、半熟になるまで約2分焼きます。

❸ 器に盛り、チーズを削ってのせ、イタリアンパセリ、粗びき黒こしょうを振ります。

さっと炒め玉ねぎ

さっと炒めた玉ねぎで、程よい甘味と食感を味わいます。

玉ねぎの持ち味であるシャキシャキ感を残しつつ、程よく甘味も引き出したい。そんなときは全体に透明感が出るくらいまで炒めます。肉や野菜を組み合わせればそれらを引き立たせるバイプレイヤーに、大ぶりに切って炒めれば主役にもなります。炒め加減はその料理によって微妙に違いますが、共通のポイントはよく熱した油に入れて強めの中火で炒めること。弱火でじわじわと火を通すと、水分がどんどん出てしまうからです。

28 玉ねぎのクリームグラタン

（作り方84ページ）

28 玉ねぎのクリームグラタン

玉ねぎ2個分を詰め込んだグラタンです。具材はこれだけ。シンプルだからこそ、玉ねぎの甘味ととろりとした食感を存分に楽しむことができます。チーズはタイプの違う2種類をたっぷり。コクとうまみと香りが複雑になり、口の中が幸せな気分でいっぱいになります。

材料（2人分）

玉ねぎ　2個
にんにくの薄切り　1かけ分
オリーブ油　小さじ2
バター　30グラム
小麦粉　大さじ4
白ワイン　1/4カップ
牛乳　1カップ
生クリーム　1/2カップ
塩　少々
エメンタールチーズ（またはピザ用チーズ）　適量
パルミジャーノ・レッジャーノ（またはパルメザンチーズ）　適量
パン粉　少々

作り方

1. 玉ねぎは縦半分に切り、縦薄切りにします。
2. フライパンにオリーブ油、バター、にんにくを入れて熱し、香りが出てきたら①の玉ねぎを加えて透き通ってくるまで中火で炒めます（a）。そこに小麦粉を加え、全体にからめます（b）。この小麦粉はとろみの素。炒めた玉ねぎにからめる方法ならダマになりにくく、なめらかなソースになります。
3. 白ワインを入れ、煮立ったら牛乳、生クリームを加え、とろみがつくまで木ベラで混ぜ合わせ（c）、塩で味を調えます。
4. 耐熱皿に③を入れ、エメンタールチーズを削り、パルミジャーノ・レッジャーノをすりおろしてのせ（d）、パン粉をかけて220℃に温めておいたオーブンで約12分、焼き目がつくまで焼きます。クセが少なく香ばしいエメンタールチーズと、香り抜群のパルミジャーノ・レッジャーノの2種類をかけましょう。なければ、ピザ用のシュレッドチーズとパルメザンチーズでも。香りとコクに深みが出ます。

c

a

d

b

29

新玉ねぎと たけのこの黒酢炒め

(作り方88ページ)

30
玉ねぎと三つ葉とにらのエスニック炒め

（作り方89ページ）

a

b

29
新玉ねぎとたけのこの黒酢炒め

黒酢の酸味とオイスターソースのコクが利いた、味のバランスが抜群の一皿。玉ねぎのシャキッとした歯ごたえを残すと、豚肉とのコントラストが楽しめます。

材料（2人分）

新玉ねぎ　1個
ゆでたけのこ　120《グラム》
豚ロース薄切り肉　120《グラム》
片栗粉　大さじ2
しょうが（せん切り）　1かけ分
ごま油　大さじ1
A［酒　大さじ2、オイスターソース　大さじ1½、黒酢　大さじ1］

作り方

❶ 新玉ねぎは存在感を出したいので、少し大きめに6等分のくし形に切ります。ゆでたけのこも1《チセン》厚さと厚めに切るとコリコリ感が楽しめます。

❷ 豚肉は食べやすい大きさに切り、片栗粉をまぶします。片栗粉をまぶすのは、肉のうまみを外に逃がさず、調味料のからみをよくするため。炒め物全体にとろみをつける役目もあります。

❸ フライパンにごま油、しょうがを入れて中火で熱し、香りが出てきたら②を入れて表面に焼き目をつけます（a）。豚肉はあまり動かさず、両面を焼きつけて香ばしくします。

❹ ③に①を加え（b）、玉ねぎが軽く透き通ってきたらAを順に加え、全体に炒め合わせます。

30 玉ねぎと三つ葉とにらのエスニック炒め

香りが強い三つ葉とにら。個性的な野菜のまとめ役として玉ねぎを使った、風味豊かな炒めもの。野菜の副菜がもう1品欲しい、というときにも。

材料（2人分）

玉ねぎ　½個
三つ葉　15本
にら　8本
ごま油　小さじ2
酒、ナンプラー　各大さじ1
すだち　1個

作り方

1. 玉ねぎは縦半分に切って横薄切りにし、冷水につけます。三つ葉、にらは4〜5㌢長さに切り、冷水につけます（a）。炒めるときも水にさらしてみずみずしさを戻しておくと、歯ごたえよく仕上がります。シャキッとしたら、それぞれざるに上げて水けをよくきります。
2. フライパンにごま油を熱し、①の玉ねぎを入れ、透き通るまで中火で炒めます。
3. ②に三つ葉、にらを加えてさっと炒めたら、酒、ナンプラーを加えて炒め合わせ（b）、すだちを搾り、火を止めます。三つ葉、にらはすぐに火が通るので、玉ねぎと時間差で炒めるのがコツ。さっとひと混ぜしたくらいで調味料を加え、短時間で仕上げます。

a

b

31

玉ねぎのっけ
ビーフステーキ

（作り方92ページ）

32 赤玉ねぎとラムのソテー

（作り方93ページ）

31 玉ねぎのっけビーフステーキ

ビーフステーキのおいしさもさることながら、玉ねぎの甘味がごちそうです。じっくり焼きつけることで香ばしさも加わり、とろりとした食感になります。

材料（2人分）

玉ねぎ　2個

牛ステーキ用肉（サーロイン）　180ムグラのもの2枚

A［赤ワイン　大さじ2、バルサミコ酢　小さじ2、しょうゆ　大さじ1］

オリーブ油　小さじ2

塩、こしょう　各少々

作り方

❶ 玉ねぎは上下を平らに切り落とし、横に半分に切ります。Aは混ぜ合わせておきます。

❷ フライパンにオリーブ油を熱し、①の玉ねぎを入れて中火で焼きます（a）。

❸ 玉ねぎにこんがりとした焼き色がついたら返し、空いたところに牛肉をのせ、あまり動かさずに両面にこんがりとした焼き色をつけます。肉は先に塩、こしょうを振るとかたくなるので、焼いてから。牛肉は好みの焼き加減になったら、器にとり出します。

❹ 玉ねぎにじっくり火を通し、両面に焼き色がついたらAを加え（b）、全体にからめてとり出します。しょうゆは少し火を通すと香ばしい香りがつきます。

❺ ③のビーフステーキの上に④の玉ねぎをソースごとのせます。

32
赤玉ねぎとラムのソテー

見た目も味もワイルドなラム肉には、存在感たっぷりの赤玉ねぎを大ぶりに切って合わせます。味つけのクミンは、ラム肉の臭み消しにも。

a

b

材料（2人分）

赤玉ねぎ　1個
ラムチョップ　4本
にんにく（つぶす）　1かけ
オリーブ油　小さじ2
クミンシード　大さじ2
白ワイン　大さじ3
塩　小さじ1
粗びき黒こしょう　少々

作り方

1. 赤玉ねぎは繊維に沿って2〜3センチ幅のくし形切りにします（a）。大きめに切ってシャキシャキ感を残すとともに食べごたえを出します。
2. フライパンににんにく、オリーブ油を熱し、香りが出てきたらラム肉を入れて両面を返しながら中火で焼き目をつけます。
3. ②に①の赤玉ねぎを加え、フライパンの空いたところで炒めます（b）。ラム肉の脂を吸わせるように玉ねぎを炒めるのがコツです。
4. 全体に油が回ったらクミンシード、白ワインを加え、汁けがなくなるまで焼きつけるように炒めます。仕上げに塩、粗びき黒こしょうを振って調味します。ラム肉はクセがあるので、スパイスを利かせた味つけにすると食べやすくなります。

33 新玉ねぎのあんかけごはん

さっと炒めるだけで甘味が出る新玉ねぎを使います。同じく火の通りの早い、コリコリ食感のスナップえんどうとあんかけに。やさしい味わいの一皿ごはんです。

材料（2人分）

新玉ねぎ　1個
スナップえんどう　6本
ごま油　小さじ2
A［水 3/4カップ、酒　大さじ2、みりん、しょうゆ　各大さじ1］
塩　小さじ1/4
B［片栗粉　小さじ2、水　大さじ1］
おろししょうが　小さじ1/2
ごま油　少々

作り方

1. 玉ねぎは縦半分に切り、繊維に沿って1チセン幅に切ります。スナップえんどうは筋をとり、半分に切ります。
2. フライパンにごま油を熱し、①の玉ねぎを入れて中火で炒めます。透き通ってきたらスナップえんどう、**A**を加え、煮立ったらアクをとり、蓋をして約3分煮ます。
3. 塩で味を調え、混ぜ合わせた**B**の水溶き片栗粉でとろみをつけ、しょうがを加え、仕上げにごま油を回しかけます。

34 玉ねぎの炊き込みバターライス

油とバターで炒めて玉ねぎの甘味を引き出すと同時に、バターの甘い香りをつけます。粗びき黒こしょうを利かせると、さらに玉ねぎの風味が際立ちます。

材料（2人分）

- 玉ねぎ　1個
- 米　2合（360㎖）
- オリーブ油　小さじ2
- バター　30グラム
- A［白ワイン　1/4カップ、水　1 3/4カップ、塩　小さじ1］
- 粗びき黒こしょう　少々

作り方

1. 米は洗い、ざるに上げます。
2. 玉ねぎは縦半分に切って縦薄切りにし、オリーブ油を熱した鍋に入れ、バターを入れて透き通るまで中火で炒めます。米を加え、油がなじむまで炒めます。油にバターを加えるのは程よくコクを出し、米全体に甘い香りをつけるためです。
3. Aを加え、蓋をして強火にかけます。煮立ったら弱火にして約12分煮て、火を止めて約10分蒸らします。
4. 器に盛り、粗びき黒こしょうを振ります。

35 玉ねぎとグリーンオリーブのリゾット

リゾットの主役は、少し歯ごたえの残るごはん。玉ねぎは、主役を盛り立てるサポート役。炒めてうまみと風味を引き出し、米に十分吸わせて炊き上げます。

材料（2人分）

玉ねぎ　½個
グリーンオリーブ　8個
米　1合（180㎖）
オリーブ油　大さじ1
白ワイン　¼カップ
水　1カップ
塩　小さじ½
粗びき黒こしょう　少々
パルミジャーノ・レッジャーノ（またはパルメザンチーズ）　適量

作り方

1. 玉ねぎはみじん切りにします。オリーブ油を熱したフライパンに入れ、透き通るまで中火で炒めます。米は洗わずに加えて炒め、油がなじんだら白ワイン、分量の水、グリーンオリーブを加えます。米は洗ってしまうと水分を含んでしまい、玉ねぎや白ワイン、オリーブの風味を吸いにくくなってしまうので、洗わずに使います。また粘りを出したくないという理由もあります。
2. 煮立ったら弱火にし、木ベラで混ぜながら少し芯が残るくらいまで、約8分煮ます。塩で調味し、粗びき黒こしょうを振り、チーズをすりおろして散らします。

"TAMANEGI" SNACK BOOK

玉ねぎスナックブック

玉ねぎは使い方次第で、おやつにもおつまみにもなります。
オニオンリング、ドーナツ、春巻き、パウンドケーキ……。
玉ねぎがもっと好きになる！
軽い口当たりのスナックが勢ぞろいです。

オニオンリング

手づかみでパクッと頬張りたい、オニオンリング。
衣がしっかりつくよう、
粉をよくまぶしてから衣をからめます。
油に入れたらしばらくは触らず、
表面がかたまってきたら返しながら揚げるのがコツ。

材料（2人分）
玉ねぎ　2個
◎衣
　小麦粉　½カップ
　卵　1個
　冷水　80mℓ
　塩　小さじ⅓
揚げ油　適量

作り方

❶ 玉ねぎは1cm厚さの輪切りにし、外側から2枚ずつはがし（内側の小さいものは別の料理に利用）、衣の小麦粉のうち大さじ2をまぶす。

❷ ボウルに卵、冷水を入れて混ぜ、残りの小麦粉と塩を加え、さっと混ぜ合わせる。

❸ 揚げ油を170℃に熱し、①の玉ねぎを②にくぐらせて油に入れる。最初は触らず、表面の衣がかたまってきたらときどき返しながら、両面がきつね色になるまで揚げる。

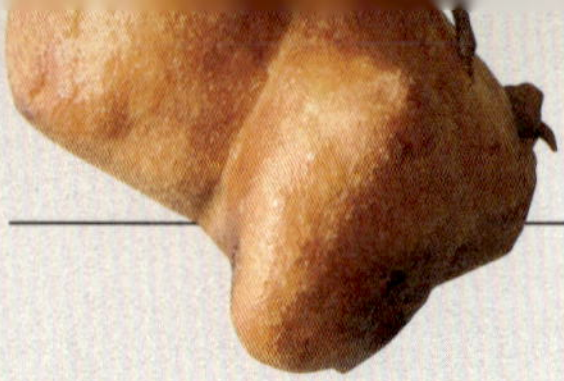

玉ねぎドーナツ

甘くてふっくらとした生地と、
衣の中で蒸し焼き状態になった甘い玉ねぎ。
2つが一緒になることで、
おいしさがマックスになります。
おやつにも、ビールのお供にも！

作り方

❶ 玉ねぎは3cm角に切る。

❷ ボウルに卵を割りほぐし、牛乳、てんさい糖を加えてよく混ぜ合わせる。

❸ 小麦粉、ベーキングパウダーは合わせてふるい、塩を混ぜ合わせる。②に加え、粉っぽさがなくなるまで混ぜる。

❹ 揚げ油を170℃に熱し、①の玉ねぎを③の生地にくぐらせて油に入れる。ときどき返しながら、全体がきつね色になるまで揚げる。好みでケチャップやマスタードをつけて食べる。

材料（2人分）

玉ねぎ　1個

◎生地

- 卵　1個
- 牛乳　¼カップ
- てんさい糖*（または砂糖）　大さじ2
- 小麦粉　½カップ
- ベーキングパウダー　小さじ1
- 塩　小さじ⅓

揚げ油　適量

ケチャップ、マスタード　各適量

*てんさい糖：さとう大根（ビート）が原料。
まろやかで上品な甘さが特徴。

あめ色玉ねぎトースト

あめ色玉ねぎをたっぷりのせた極上トースト。
焼くことで香ばしさがプラスされ、
よりうまみがアップします。
ほんの少しの塩も、甘味をさらに
引き立たせる役目。

材料（2人分）
あめ色玉ねぎ（P.70）　大さじ4
食パン（6枚切り）　2枚
オリーブ油　大さじ2
塩　少々

作り方
1. 食パンにオリーブ油を塗り、あめ色玉ねぎをのせ、塩を振る。
2. オーブントースターで①を4～5分焼く。

玉ねぎくしカツ

サクサクカリカリのフライ衣と
しんなりとした玉ねぎの絶妙コンビ。
くしに刺したジャンクな感じが、
より食欲をそそります。玉ねぎが離れないよう
しっかりと衣をつけて揚げましょう。

材料（8個分）

玉ねぎ　1個
◎衣
　小麦粉　大さじ2
　溶き卵　1個分
　パン粉　½カップ
揚げ油　適量
ウスターソース　適量

作り方

❶ 玉ねぎは3cm幅のくし形に切り、長さを半分に切る。

❷ ①の玉ねぎに小麦粉、溶き卵、パン粉を順につける。

❸ 揚げ油を170℃に熱し、②を入れ、全体がこんがりときつね色になるまで揚げる。ウスターソースをかけて食べる。

玉ねぎ春巻き

加熱した玉ねぎのおいしさをストレートに
味わうため、具材はあえて玉ねぎとディルのみ。
カリカリと香ばしい皮の中から、
とろりと甘い玉ねぎと一緒に
爽快な香りが広がる春巻きです。

材料（6本分）

玉ねぎ　1個
ディル　4枝
春巻きの皮　6枚
◎糊
　小麦粉　大さじ1
　水　大さじ1½
揚げ油　適量
A
　クミンパウダー　小さじ1
　塩　小さじ½

作り方

❶ 玉ねぎは縦半分に切って縦薄切りにする。ディルは3〜4cm長さに切る。

❷ 春巻きの皮をひし形におき、①の玉ねぎ、ディルを⅙量ずつ手前側にのせる。手前、両端の皮を内側に折り、くるくると巻き、巻き終わりに混ぜ合わせた糊をつけてしっかりと留める。

❸ 揚げ油を170℃に熱して②を入れ、全体がきつね色になるまで揚げる。**A**をつけて食べる。

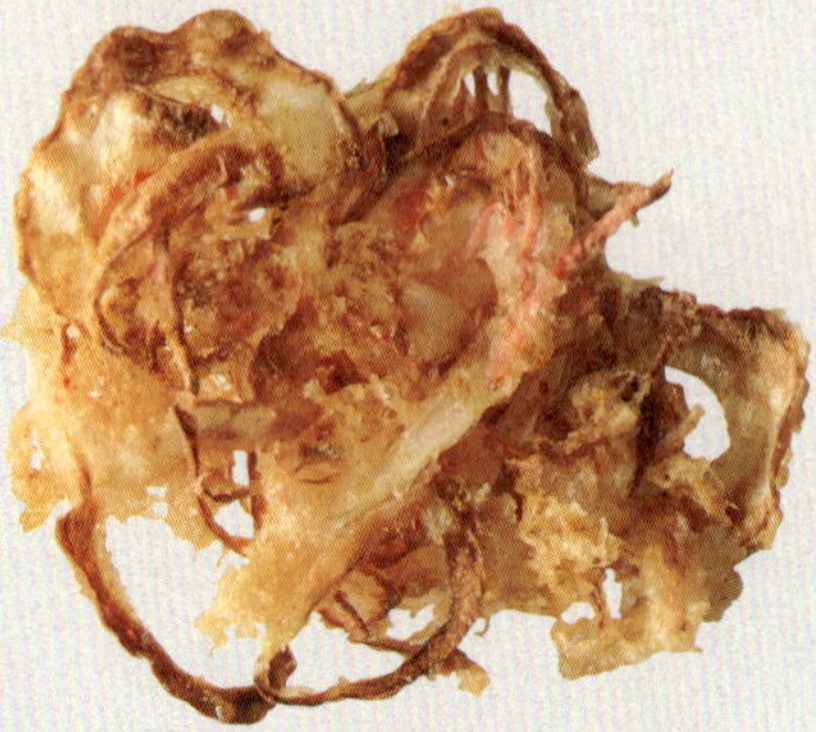

玉ねぎと紅しょうがのかき揚げ

玉ねぎの甘味にしょうがのほんのりとした辛さを
プラスしたかき揚げです。
玉ねぎはできるだけ薄く切り、
時間をかけて水分をよく飛ばしながら揚げると、
カリッと仕上がります。

揚げ油に入れて約2分したら、菜箸で穴をあける。こうすると、油の通り道ができて下からも火が通り、カラリと揚がる。

小麦粉をまぶした玉ねぎに衣を加え、ざっくりと混ぜ合わせる。水分が少ないようなら、さらに冷水を加える。

玉ねぎに衣をつける前に小麦粉を全体にまぶす。これが糊の役目をするので、1本1本にまぶすようなつもりで。

作り方

❶ 新玉ねぎは縦半分に切って縦薄切りにし、衣の小麦粉のうち大さじ2をまぶす。紅しょうがは汁けをきる。

❷ ボウルに残りの小麦粉を入れ、冷水を少しずつ加え、ダマが少し残る程度に混ぜる（冷水は状態をみながら量を加減）。①に加え、もったりとするようであれば冷水を少し加え、ゆるめの衣にする。

❸ 揚げ油を170℃に熱し、②をお玉ですくって入れる。油の中で散った衣は菜箸で寄せ集める。触らずに約2分揚げ、菜箸で数カ所刺し、底面が色づきカリカリになったら裏返して、さらに2～3分色づくまで揚げる。

❹ 器に③を盛り、混ぜ合わせたAをつけて食べる。

材料（2人分）

新玉ねぎ　1個
紅しょうが　40g
◎衣
- 小麦粉　⅔カップ
- 冷水　1カップ程度

揚げ油　適量
A
- カレー粉　小さじ½
- 塩　小さじ1

玉ねぎキッシュ

玉ねぎ2個分をたっぷりと詰め込んだキッシュです。
玉ねぎと相性のいいキャラウェイシードの
香りを利かせると、どこかエキゾチックでさわやかな後味に。

作り方

❶ 玉ねぎは縦半分に切って縦薄切りにする。

❷ フライパンにオリーブ油を熱し、①の玉ねぎを入れて中火で炒める。透き通ったら白ワイン、塩、キャラウェイシードを加えて汁けがなくなるまで炒め、バットなどにとり出して粗熱をとる。

❸ 半解凍した冷凍パイシートは打ち粉をし、めん棒で直径約23cmに伸ばす。

❹ ③のパイ生地を型にぴったりと貼りつけ、密着させる。型の上部にめん棒を転がし、はみ出した生地を落とす。

❺ パイシートの底面にフォークで数カ所穴をあけ、オーブンシートを敷いてパイストーンをのせ、180℃のオーブンで約12分焼く。

❻ ⑤のオーブンシートとパイストーンをとり、②の炒めた玉ねぎを広げてならし、アパレイユの材料を混ぜ合わせて流し入れる。チーズをのせて200℃のオーブンで20～25分焼く。粗熱がとれてから、切り分ける。

材料（直径20cmのタルト型1台分）

玉ねぎ　2個
オリーブ油　小さじ2
白ワイン　大さじ2
塩　小さじ½
キャラウェイシード　大さじ1
冷凍パイシート（20cm角）　1枚
◎アパレイユ
　卵　2個
　生クリーム　120mℓ
　塩　小さじ¼
　粗びき黒こしょう　少々
グリュイエールチーズ
　（すりおろす。ピザ用チーズでも可）　60g

準備

・型にバターを塗り、強力粉（分量外）を薄くはたいて冷蔵庫で冷やしておく
・冷凍パイシートは室温におき、半解凍する
・オーブンは180℃に予熱しておく

空焼きした生地に、炒めた玉ねぎをのせて平らにならす。

玉ねぎを入れたところに、アパレイユを流し入れる。

作り方

❶ 玉ねぎは1cm角に切る。イタリアンパセリは粗く刻む。

❷ フライパンにオリーブ油大さじ1を熱し、①の玉ねぎを入れて中火で炒める。透き通ってきたらバットなどに移し、粗熱をとる。

❸ ボウルに卵を溶きほぐし、てんさい糖を加えて白っぽくなるまで泡立て器で混ぜる。牛乳を加えて混ぜ、なじんだらオリーブ油の残りを加えてよく混ぜる。ふるった小麦粉、塩を加え、少し粉っぽさが残る程度にゴムベラで混ぜ合わせる。

❹ ③に②、イタリアンパセリ、粒黒こしょう、パルミジャーノ・レッジャーノを加え、粉っぽさがなくなるまで手早く混ぜる。

❺ 型に④を入れ、2〜3回型ごと少し上から落として生地をならし、180℃のオーブンで35〜40分焼く。

材料（18×8×高さ6.5cmのパウンド型1台分）

玉ねぎ　1個
イタリアンパセリ　6本
オリーブ油　大さじ2
卵　2個
てんさい糖*（または砂糖）　大さじ2
牛乳　大さじ1
小麦粉　100g
塩　小さじ¼
粒黒こしょう　大さじ1
パルミジャーノ・レッジャーノ
（すりおろす。パルメザンチーズでも可）　大さじ3

*てんさい糖：さとう大根（ビート）が原料。
まろやかで上品な甘さが特徴。

準備

・型にオーブンシートを敷き込む
・小麦粉はふるっておく
・オーブンは180℃に予熱しておく

玉ねぎのパウンドケーキ

玉ねぎたっぷりで驚くほどしっとり!!
玉ねぎの存在感を残したいので、
大きめに切って混ぜるのがポイント。
チーズとイタリアンパセリの香りを利かせます。

玉ねぎはやや大きめに切り、炒めて甘味を引き出す。イタリアンパセリで野性的な香りをプラス。

卵や粉を混ぜ合わせたところに、炒めた玉ねぎを加えて混ぜる。練り混ぜると焼き上がりがかたくなるので、粉っぽさがなくなる程度にざっくりと。

型に生地を入れ、2〜3回型ごと少し上から落として表面を平らにならす。

玉ねぎのくるくるパイ

じっくり炒めた玉ねぎをオーブンで焼くと、
まるでジャムのように濃縮された甘さになります。
サクサクのパイ生地が加わると、
とてもリッチな味わい。
生地を巻くときには少しきつめに巻くと、
焼き上がりがスカスカになりません。

材料（約15個分）

あめ色玉ねぎ（P.70）　大さじ5
冷凍パイシート（20cm角）　1枚
溶き卵　大さじ3
塩　小さじ⅓

準備

・冷凍パイシートは室温におき、半解凍する
・オーブンは200℃に予熱しておく

作り方

1. 打ち粉をした台に半解凍したパイシートをのせ、めん棒で約5mmの厚さ、約30cm角に伸ばす。
2. 溶き卵を表面に塗り、あめ色玉ねぎをのせて全体に均一に広げる。
3. 手前からくるくるときつめに巻き、オーブンシートまたはラップで包み、冷凍庫で1時間冷やす。
4. ③の生地を7〜8mm幅に切り、オーブンシートを敷いた天板にのせ、手のひらで平たくつぶし、塩を振る。
5. 200℃のオーブンで約15分焼く。

あめ色玉ねぎを全体にのせ、焼き上がったときに隙間ができないように手前からきつめに巻いていく。

オーブンシートで包んで冷凍庫で休ませ、生地を落ち着かせると切りやすくなる。

切り口を上にして並べ、手のひらでつぶして平たくする。

"TAMANEGI"

SNACK

BOOK

PART.3

玉ねぎ
×
煮る 蒸す
＝
だし・うまみ

玉ねぎは煮ても蒸しても、そのおいしさを発揮します。

炒めたり焼いたりするのとはまたひと味違う、もっとやわらかなうまみ。だし汁に一番近い役割をするのがこの手法です。加えて、とろとろ、しんなりシャキッの食感も楽しめます。やさしい味わいでありながら、しっかり素材感を主張しているのが、煮たり蒸したりした玉ねぎです。

煮玉ねぎ

蒸玉ねぎ

煮玉ねぎ・蒸玉ねぎに肉や魚介を合わせ、うまみの相乗効果を楽しみます。

玉ねぎは煮ると、じんわりとエキスが煮汁に引き出されます。蒸したときは、蒸気の力で玉ねぎの持つうまみをやさしく閉じ込めます。それぞれ玉ねぎだけでも十分においしいのですが、肉や魚などのタンパク質と一緒に調理するとさらにうまみがアップ。玉ねぎから出るだしを肉や魚介が受けとめることでおいしさが増し、玉ねぎも肉や魚介のうまみを吸い込み、相乗効果でおいしさが何倍にもなるのです。洋風煮込みに玉ねぎが欠かせないのも、こんな理由からだと思います。

36 丸ごと玉ねぎと油麩の煮物

（作り方118ページ）

36
丸ごと玉ねぎと油麩の煮物

玉ねぎは油や脂分のある食材ととても相性がいい。そこで、タンパク質豊富な油で揚げた麩を組み合わせて煮物にしてみました。油麩の油で玉ねぎにコクが加わり、一方、油麩は玉ねぎから出たうまみをぷっくりと吸い込みます。口に入れるとジュワ〜ッとおいしさが広がる感じ、たまりません。

材料（2人分）
玉ねぎ　小4個
油麩　2本（約30グラム）
A［しょうがのせん切り　1かけ分、酒、みりん　各$\frac{1}{4}$カップ、水　3カップ］
しょうゆ　大さじ2
塩　小さじ$\frac{1}{4}$

作り方

1. 玉ねぎは、十字の切れ込みを入れます（**a**）。こうすることで、玉ねぎのだしが出やすくなり、食べやすくする目的もあります。
2. 鍋に**A**、①を入れ、中火にかけます（**b**）。玉ねぎはゆっくりと煮ていったほうが、だしがじわじわと出てきて煮汁の味もしみやすいので、水から火にかけます。
3. 煮立ったらアクをとり除き、蓋をして弱火で約12分煮ます。しょうゆ、塩を加え、さらに10分煮ます。しょうゆ、塩は材料をかたくする性質があるので、玉ねぎがやわらかくなってから加えましょう。
4. 油麩は食べやすい大きさに切り、③に加えます（**c**）。浮いてきてしまうので、木ベラなどで押しながら煮汁に浸すようにし、さらに約5分、油麩がしんなりするまで煮て味をしみ込ませます（**d**）。

a

b

c

d

37

玉ねぎの塩豚煮

（作り方122ページ）

38

肉じゃが

(作り方123ページ)

37 玉ねぎの塩豚煮

塩をすり込んで一晩おき、うまみが凝縮した塩豚。そこに玉ねぎを加え、お互いのおいしさを移しながら煮込みます。豚肉は焼きつけてから煮ると香ばしい。

材料（2人分）

玉ねぎ　2個
豚肩ロースかたまり肉　400グラム
豆苗　1束
塩　小さじ1
ごま油　小さじ2
A［しょうが（皮つき薄切り）　1かけ分、紹興酒（または酒）80㎖、水　3カップ］
しょうゆ　小さじ2

作り方

❶ 豚肉は塩をすり込み（a）、ラップでぴったりと包んで保存袋に入れ、冷蔵庫に入れておきます。漬けた次の日から使え、1週間まで保存可能です。玉ねぎは縦半分に切り、縦に2センチ幅に切ります。太めに切って存在感を残します。

a

b

❷ 鍋にごま油を熱し、①の豚肉を入れて中火で表面をしっかり焼きつけ、うまみを閉じ込めます。

❸ 玉ねぎを加えてさっと炒め、全体に油が回ったら、Aを加えて煮ます。煮立ったらアクをとり除き（b）、蓋をして弱火で約1時間煮ます。

❹ 豆苗は根元を切り落として③に入れ、しょうゆも加えてさらに5分煮ます。

❺ 豚肉をとり出して食べやすい大きさに切り、器に盛ります。玉ねぎ、豆苗を盛り合わせ、煮汁をかけます。

38 肉じゃが

肉じゃがのおいしさは、とろとろの玉ねぎがあってこそ。牛肉を炒めた鍋で炒めてうまみを余すところなく吸い込み、自身の甘味を具材や煮汁にしみ込ませます。

材料（2人分）

玉ねぎ　1個
じゃがいも　2個
さやいんげん　8本
牛ロース薄切り肉　200グラム
ごま油　少々
酒　1/4カップ
みりん　大さじ2
水　1 1/2カップ
しょうゆ　大さじ2
塩　小さじ1/3

作り方

1 玉ねぎは縦4等分に切ります。じゃがいもは4等分に切り、いんげんはヘタを落とします。

2 鍋にごま油を熱し、牛肉を入れてほぐしながら中火で焼き目をつけます。みりんを加えて全体にからめ、バットなどにとり出します。牛肉は炒めることでうまみを閉じ込め、かたくならないようにいったんとり出し、仕上げに戻し入れます。

3 ②の鍋に玉ねぎを入れて中火で炒めます（a）。牛肉のうまみがついている鍋で炒めることで、そのおいしさを残さず玉ねぎに移します。表面が軽く透き通ったら、分量の水を加え、煮立ったらアクをとり除き、酒、弱火にして落としぶたをして約12分煮ます。

4 じゃがいもを加えてさらに10分煮て、しょうゆ、塩、いんげんを入れ、②の牛肉を戻し入れ（b）、落としぶたをとってさらに5分煮ます。

a

b

39 ブッフ・ブルギニョン

（作り方126ページ）

40 玉ねぎとレンズ豆、ソーセージの煮込み

（作り方128ページ）

39 ブッフ・ブルギニョン

牛すね肉をたっぷりの赤ワインで煮込む、フランス・ブルゴーニュ地方の家庭料理です。玉ねぎは見た目には完全な裏方ですが、口に入れるとその存在感の大きさに気づきます。とろとろ具合が本当においしい。

材料（2人分）

玉ねぎ　1個
牛すね肉　400グラム
塩　小さじ1 1/3
オリーブ油　小さじ2
赤ワイン　1本（750mℓ）
にんにく（つぶす）　1かけ
ローズマリー（生）　3本
塩、粗びき黒こしょう　各少々

作り方

1. 玉ねぎは縦半分に切り、横薄切りにします。玉ねぎはとろとろに煮込みたいときには、繊維を断ち切ります。またたしも出やすくなります。牛肉に塩をよくすり込みます。
2. 鍋にオリーブ油を入れて中火で熱し、牛肉を入れ、両面に焼き目をつけます（a）。肉を煮る前に表面を焼きつけておくと香ばしく仕上がり、肉のうまみが閉じ込められて煮汁に出てしまうのを防ぎます。
3. ②に玉ねぎを加え、さっと炒めて油を全体になじませます（b）。
4. 赤ワイン、にんにくを加えて煮ます（c）。水はいっさい加えずに、赤ワイン1本分を使って風味よく仕上げます。ワインは安いもので構いません。煮立ったらアクをとり、弱火にしてローズマリーを加え、蓋をして約1時間煮て（d）、塩、粗びき黒こしょうで味を調えます。

c

a

d

b

40 玉ねぎとレンズ豆、ソーセージの煮込み

もどさずに使え、プチプチとした食感が楽しいレンズ豆。そこにソーセージのうまみ、玉ねぎの甘味をプラスした、素朴な味の煮込み料理です。白ワインビネガーでさわやかさとまろやかさを出すのがおいしさの秘密。

材料（2人分）

玉ねぎ　1個
レンズ豆　80グラム
ソーセージ　4本
にんにく（つぶす）　1かけ
オリーブ油　小さじ2
白ワイン　80㎖
セージ（生）　4枚
白ワインビネガー　大さじ2
水　1½カップ
塩　小さじ1
粗びき黒こしょう　少々
ディジョンマスタード＊　適量

作り方

1. レンズ豆はさっと洗って鍋に入れ、かぶるくらいの水を入れて中火にかけます。煮立ったら弱火にして約10分煮て、ざるに上げます。
2. 玉ねぎは1センチ角に切ります（a）。レンズ豆となじみやすいよう、角切りに。
3. 鍋ににんにくとオリーブ油を入れて中火にかけ、香りが出てきたら②の玉ねぎを入れ、透き通ってくるまで炒めます（b）。しんなりとしてくるまで炒めると、玉ねぎのうまみと甘味が出るので、ここでしっかりと引き出しておきます。
4. ③にソーセージ、白ワインを入れ（c）、①のレンズ豆、セージ、白ワインビネガー、分量の水を入れて中火にかけ（d）、煮立ったらアクをとります。アクはえぐみのもとでもありますがうまみも含むので、目立つものだけとり除けばいいでしょう。その後弱火にし、蓋をして約12分煮ます。
5. ④に塩を加えて味を調え、粗びき黒こしょうを振ります。器に盛り、マスタードを添えます。

＊ディジョンマスタード：フランスのブルゴーニュ地方・ディジョンで作られたのがはじまりの黄唐辛子と黒唐辛子で作られるマスタード。口当たりなめらかなのが特徴。

a

b

c

d

41 ペコロスと鶏肉のクリーム煮

（作り方132ページ）

42 かきと玉ねぎのセロリ白ワイン煮

（作り方133ページ）

41 ペコロスと鶏肉のクリーム煮

キュートな見た目と強い甘味を持つペコロスには、クリームと抜群の相性の鶏肉を合わせます。にんにくで辛味を利かせると、全体が一気に引き締まります。

材料（2人分）

ペコロス　6個
鶏もも肉　350グラ
にんにく（つぶす）　1かけ
小麦粉　大さじ2
オリーブ油　小さじ2
A［ローリエ　1枚、白ワイン　80㎖、水　½カップ］
生クリーム　½カップ
塩　小さじ1

作り方

❶ ペコロスは皮をむきます。形がかわいいので、切らずに丸ごと使います。鶏肉は皮と余分な脂をとり除き、大きめの一口大に切って小麦粉をまぶします。小麦粉はとろみになり、肉のうまみを閉じ込めてくれます。

a

❷ フライパンまたは鍋ににんにく、オリーブ油を入れて中火で炒めます。香りが出てきたら①の鶏肉を入れ、表面に焼き目をつけます。あまり触らずに焼きつけ、上下を返してもう片面にも焼きつけます。ただし、白く仕上げたいので焦がさないように注意します。

❸ ②に①のペコロスを加えてさっと炒めます。全体に油が回ったらAを加え、煮立ったらアクをとり除いて弱火にし、蓋をして約15分煮ます（a）。

❹ ③に生クリーム、塩を加えて味を調え、煮立つ直前で火を止めます。生クリームは分離しやすいので、入れたら煮立てないようにしましょう。

42

かきと玉ねぎのセロリ白ワイン煮

炒め玉ねぎを鍋に敷き詰め、かきをのせて蒸し煮に。すると、かきのエキスを吸って玉ねぎがよりおいしくなり、かきも玉ねぎのベッドでぷっくりと蒸されます。

材料（2人分）

玉ねぎ　1個
かき　8個
セロリ　½本
にんにく（スライス）　1かけ
オリーブ油　大さじ1
白ワイン　80㎖
塩　小さじ¼
ライム　適量

作り方

1. 玉ねぎは縦半分に切り、横薄切りにします。かきのやわらかい食感を邪魔しないよう玉ねぎも繊維を断ち切りやわらかく仕上げます。セロリは筋をとり、斜めに薄切りにします。
2. かきは塩少々（分量外）でやさしくもみ洗いし、流水で洗い、キッチンペーパーなどで水けを拭きます。
3. 鍋ににんにく、オリーブ油を入れて中火で炒め、香りが出てきたら①の玉ねぎ、セロリを入れ、透き通るまで炒めて平らにします（a）。
4. ③に②のかきをのせ、白ワインを加えて煮ます（b）。煮立ったらアクをとり、弱火にし蓋をして約5分煮て、塩で味を調えます。かきは火の通りが早く、火を通しすぎるとかたくなるので気をつけましょう。
5. 器に盛り、ライムを添え、搾って食べます。

b

a

43 玉ねぎシュウマイ

（作り方136ページ）

43 玉ねぎシュウマイ

ふっくらと蒸された肉だねにシャキシャキの玉ねぎがおいしいシュウマイです。玉ねぎたっぷりなので、想像以上に軽くてあっさり。いくらでも食べられます。干しえびのおかげでうまみも倍増。だしが出ているもどし汁も肉だねに加えると、さらにうまみが濃くなります。

材料（20個分）

玉ねぎ　1個
干しえび　25グラム
豚ひき肉　200グラム
シュウマイの皮　20枚
A［片栗粉、しょうゆ　各大さじ1、紹興酒（または酒）　大さじ2、塩　小さじ1/4、ごま油　小さじ2］

作り方

❶ 干しえびはかぶるくらいのぬるま湯に10分漬けてもどし、みじん切りにします。もどし汁はとっておきます。玉ねぎは粗みじん切りにします。食感を残したいので、みじん切りではなく少し大きめに切ります。

❷ ボウルにひき肉、①の干しえびともどし汁大さじ1、玉ねぎ、**A**を加えます（**a**）。干しえびのもどし汁にもうまみがたっぷりなので、肉だねに加えます。粘りが出るまでよく練り混ぜて（**b**）、ジューシーな肉だねに。

❸ シュウマイの皮に肉だねを包みます。親指と人差し指で輪を作り、そこにシュウマイの皮をのせ、等分にした②をのせます。親指と人差し指をキュッと締めながら、スプーンの背で詰めた肉だねを押して平らにし（**c**）、隙間がないように。

❹ オーブンシートまたは耐熱皿に③をのせます。

❺ 蒸気の上がった蒸し器に④をのせ（**d**）、約10分蒸します。

a

b

c

d

44 豆腐のナンプラー蒸し

豆腐は蒸すとふっくら！　玉ねぎも蒸すとうまみが凝縮される。ならば、その2つを合わせたら？　の発想から生まれたレシピ。おつまみにもぴったりです。

材料（2人分）

木綿豆腐　1丁
玉ねぎ（粗みじん切り）　1/2個分
しょうが（みじん切り）　1かけ分
A［紹興酒（または酒）　大さじ2、ナンプラー、酢、ごま油　各大さじ1］
香菜　8本
粗びき唐辛子（または粉唐辛子、一味唐辛子）　少々

作り方

1. 豆腐はキッチンペーパーで表面の水けを拭きとります。水きりをする必要はありません。
2. オーブンシートまたは耐熱皿に①の豆腐を入れ、玉ねぎ、しょうがをのせます。玉ねぎで甘味を、しょうがで辛味をプラス。混ぜ合わせた**A**を回しかけます。
3. 蒸気の上がった蒸し器に②をのせ、強火で約7分蒸します。
4. 香菜をざく切りにして③にのせ、粗びき唐辛子を振ります。唐辛子で辛味を利かせると、味が引き締まります。

45 玉ねぎと豚肉の梅干し重ね蒸し

薄切りの玉ねぎに豚肉、ちぎった梅干しをのせて蒸すだけ。簡単でおいしい！の見本のような料理です。豚肉で玉ねぎを包んで食べるのがおすすめです。

材料（2人分）

玉ねぎ　1個
豚バラ肉（しゃぶしゃぶ用）　120グラム
梅干し　3個
紹興酒（または酒）　大さじ3
ごま油　大さじ1
三つ葉　8本
すだち　1個
白いりごま　適量

作り方

1 玉ねぎは縦半分に切り、横薄切りにします。

2 オーブンシートまたは耐熱皿に①の玉ねぎを平らに敷きます。その上に豚肉を広げて重ならないようにのせます。こうすると、蒸したときに豚肉のうまみが玉ねぎに移ります。

3 ②に梅干しをちぎって種ごとのせ、紹興酒、ごま油を回しかけます。梅干しの種にもうまみがあるので、種も一緒にのせます。蒸気の上がった蒸し器にのせ、強火で約10分蒸します。

4 三つ葉をざく切り、すだちは輪切りにして③にのせ、仕上げにごまをかけます。

46 玉ねぎとチーズのスープ

玉ねぎのおいしさをじっくり味わいたいから、少し厚めに切ります。風味づけの白ワイン、コク出しのチーズは、どちらも玉ねぎの甘味を引き立てるアイテム。

材料（2人分）

玉ねぎ　1個
パセリの茎　3本
白ワイン　1/4カップ
水　2 1/2カップ
塩　小さじ1/2
粗びき黒こしょう　少々
パルミジャーノ・レッジャーノ
（またはパルメザンチーズ）　大さじ1
オリーブ油　小さじ1

作り方

1. 玉ねぎは1㌢厚さの輪切りにします。
2. 鍋に①の玉ねぎ、パセリの茎、白ワイン、分量の水を入れ、中火にかけます。パセリの茎はブーケガルニのような役目をしてくれ、ほのかな風味をつけてスープにニュアンスを出します。煮立ったらアクをとり除き、弱火にし、蓋をして約10分煮ます。
3. パセリの茎をとり出し、塩、粗びき黒こしょうで調味します。器に盛り、パルミジャーノチーズをすりおろしてのせ、オリーブ油を加えます。

47 玉ねぎのみそ汁

だし汁のうまみ、みそのコクに玉ねぎの甘味が一体になる、みそ汁の中でも好きな具材です。仕上げに粉山椒を振ると、上品な香りが加わってさらにおいしい。

材料（2人分）

玉ねぎ　½個
だし汁　2カップ
みそ　大さじ1½
粉山椒　少々

作り方

❶ 玉ねぎは縦半分に切り、縦薄切りにします。シャキシャキ感を残したいので繊維に沿って切りましたが、やわらかめが好きな方は繊維を断ち切るように横薄切りにしても構いません。

❷ 鍋にだし汁、①の玉ねぎを入れ、中火にかけます。煮立ったらアクをとり除き、弱火にして約7分煮ます。

❸ 玉ねぎがやわらかくなったらみそを溶き入れ、煮立つ直前で火を止めます。器に盛り、粉山椒を振ります。

材料別 INDEX

・玉ねぎと組み合わせている材料から選べます。
・材料項目内の料理名は掲載順です。

カテゴリー別 INDEX

・カテゴリー項目内の料理名は掲載順です。

食《しょく》の方程式《ほうていしき》 玉《たま》ねぎブック

玉《たま》ねぎ
×
ワタナベマキ
＝
だし・うまみ

NDC 596

2018年10月19日　発　行

著　者　ワタナベマキ

発行者　小川雄一
発行所　株式会社 誠文堂新光社
〒113-0033　東京都文京区本郷3-3-11
（編集）TEL 03-5800-3614
（販売）TEL 03-5800-5780
http://www.seibundo-shinkosha.net/
印刷・製本　大日本印刷株式会社

ISBN978-4-416-61873-8

ワタナベマキ

グラフィックデザイナーを経て料理家に。日々を大事にしたいとの思いから、2005年に「サルビア給食室」を立ち上げ、料理の活動を始める。野菜たっぷりの体にやさしい料理を提案。作りやすく丁寧な料理、毎日の暮らしから生まれる作り置きなどが人気。ナチュラルでセンスのあるライフスタイルにもファンが多い。近著に『作り込まない作りおき』（KADOKAWA）、『アジアのサラダ』（主婦と生活社）『かけるだけ、あえるだけ　醤の本』（家の光協会）、『グラタン・ドリア』（小社）など。
instagram : maki_watanabe

撮影：新居明子
デザイン：福間優子
スタイリング：池水陽子
カバーイラストレーション：ほりはたまお
編集：飯村いずみ
校正：ヴェリタ
プリンティングディレクション：山内 明（大日本印刷）

参考文献
『日本の食材帖』山本謙治、ぼうずコンニャク監修　主婦と生活社
『もっとからだにおいしい　野菜の便利帳』白鳥早奈英、板木利隆監修　高橋書店
『春夏秋冬おいしいクスリ　旬の野菜の栄養事典』吉田企世子監修　エクスナレッジ
『タマネギとニンニクの歴史』マーサ・ジェイ著　服部千佳子訳　原書房
『旬の食材　秋・冬の野菜』講談社
『薬膳・漢方の食材帳』薬日本堂監修　実業之日本社